Christian Bettinghausen

Wenn der Schweinehund bellt

Christian Bettinghausen

Wenn der
Schweinehund bellt

Wie wir von unserer inneren
Stimme profitieren können

HERDER

FREIBURG · BASEL · WIEN

HERDER spektrum Band 7188

Umschlagkonzeption: fuchs_design_München
Umschlaggestaltung: Verlag Herder
Umschlagmotiv: © Getty Images / Nikolai Punin

Herstellung: Těšínská Tiskárna, a.s.

Printed in Czech Republic

ISBN 978-3-451-07188-1

Inhalt

Vorwort

Liebe Leserin und lieber Leser,

noch ein Buch zum inneren Schweinehund? Dieses ist anders! Dieses ist eine Zu-Mut-ung.

»Psychohygienicus« (so nenne ich den Schweinehund, weil die Pflege der Seele ebenso wichtig ist wie die des Körpers) hat so seine Methoden. Wir er bezirzt, mal lockt und mal bremst, das wird dir in 24 Kapiteln vorgestellt.

Gehörst du zu den Menschen, die immer wieder unterliegen, wenn sie versuchen, ihren Schweinehund zu überwinden? Dann hast du es wahrscheinlich längst erkannt: Das, was du bekämpfst, das stärkst du. Und das, was du unbedingt willst und forderst, das bekommst du nicht.

Du bist eingeladen, deine inneren Stimmen wahrzunehmen, ernst zu nehmen und anzunehmen – und du wirst entdecken, dass du von allen profitieren kannst.

Tatsächlich gibt es nur den einen Weg – und der ist zugleich das Ziel: Du versöhnst dich mit dir selbst. Du akzeptierst deinen Schweinehund und machst ihn zu deinem Freund.

Dieses Buch gibt spirituelle und logotherapeutisch-sinnorientierte Anregungen, wie du selbstverantwortlich entscheiden kannst, was du tun und was du nicht tun möchtest.

Die Übungen am Ende jedes Kapitels beginnen alle mit der Empfehlung, dich in stillem *GeWahrSein* zu üben.

Das ist deswegen so, weil ich glaube, dass *GeWahrSein* der Sinn des Lebens ist. Im *GeWahrSein* deiner Präsenz – das allerschönste Präsent für dich selbst und andere – wirst du dir der Gegenwart Gottes gewahr, erlebst also die Ewigkeit im Augenblick.

Dann geschieht, dass du das liebst, was gerade ist. Es gibt nur diese eine wahre Wirklichkeit: Das, was ist. Das, was war, ist Vergangenheit. Das, was noch kommt, ist Zukunft. Das, was ist, ist. Ewigkeit gibt es nicht in einer Zeit danach. Ewigkeit ist die Gegenwart Gottes.

GeWahrSein ist Achtsamkeit für die Wahrheit im Sein und nicht im Werden, denn dein Werden kommt vom Sein und nicht vom Werdenwollen.

Jede Stimme in dir, auch die deines inneren Schweinehundes, gehört zu dir und deinem Leben. Alle, auch die zunächst unangenehmen, erweisen sich als Hilfe auf dem Weg im ganzheitlichen Sein.

Bedanken möchte ich mich bei meiner Lektorin, Friederike Schmitz, für die vielen hilfreichen (kritischen und ermutigenden) Rückmeldungen, und bei Cornelius Schenkelberg für seine freundschaftliche Hilfe in allen technischen Dingen.

Christian Bettinghausen

Ängstlichkeit

Kneifen oder Wagen

»Du solltest es besser sein lassen«,

rät Psychohygienicus. »Du wirst dich nur blamieren. Stell dir vor, was die anderen denken könnten. Wie peinlich. Alle Augen sind auf dich gerichtet. Zeig bloß keine Gefühle, vor allem keine Schwächen. Sie werden dich auslachen. Das ist eine Nummer zu groß für dich. Sie werden dich zerreißen. Also lass es besser.«

MANCHMAL hat Psychohygienicus recht. Immer dann, wenn du dich zu wichtig nimmst. Wenn dein Bedürfnis nach Anerkennung zu groß ist. Wenn du nicht hinter dem stehst, was du tust. Oder wenn da tatsächlich Menschen sind, die dich entwerten wollen, weil sie recht haben müssen. Dann lass es lieber. Dann kann deine Angst sehr hilfreich sein. In diesen Fällen verlass lieber die Bühne.

TATSÄCHLICH aber kannst du wagen es zu tun oder zu sagen, wenn es mit deinem wahren Selbst zu tun hat, mit dem, wozu du bestimmt bist. Dann musst du dich nicht mit deiner Angst vor möglichen Reaktionen selbst ausbremsen. Deine Ängste sind eine Folge von alten Zurückweisungen und Erfahrungen, dass etwas misslungen ist. Das ist Vergangenheit. Dein Leben findet jetzt statt. In diesem Augenblick stehst du am Mikrofon, sitzt du vor dem leeren Blatt, befindest du dich in dem Konflikt oder dem Klärungsgespräch. Nimm deine alten Ängste an und versuch nicht, sie zu leugnen oder zu überwinden. Das macht sie mächtiger. Aber dich an deinen Misserfolgen zu messen ist, wie Weihnachten nach der Schneemenge zu beurteilen. Und hör auf, etwas zu »versuchen«. Im »Versuchen« ist die Hintertür zum Scheitern eingebaut. Tu es einfach, mit deiner ganzen Liebe und Überzeugung. Nimm dich und deinen Erfolg nicht so wichtig. Die Wahrheit setzt sich auch ohne dein Glänzen durch. Wenn du wahrhaftig bist und den Dienst an den anderen im Blick hast und ihren Gewinn, ist es nicht einmal ein Wagnis. Dann bist du im Fluss. Wahres Gebenkönnen macht unabhängig von Nehmenmüssen. Vergiss deinen Stolz. Es kommt nicht darauf an, was du tust, sondern in welchem Geist du es tust. Also trau dich. Trau dich ins Leben.

ERFÜLLUNG findest du, wenn du dich in stillem *GeWahrSein* in deine Mitte tragen lässt und entdeckst, dass du deine Lebensaufgabe wagen kannst, weil sie ein Dienst an den Menschen ist.

Auch in deiner LIEBESBEZIEHUNG transformiert sich durch dein stilles *GeWahrWerden* dessen, der du unter deinen Ängsten wirklich bist, deine Angst in Liebe. Sei, der du bist. Mit all deinen Gefühlen. Stell dich dem Wagnis und sag die ganze Wahrheit. Immer. Wahrheit, die die Partnerin oder den Partner im Blick hat, ist der Weg aus dem Schmerz der Trennung und ermöglicht Zuversicht und Verbundenheit. Du kannst dich dafür entscheiden, glücklich zu machen und glücklich zu sein.

Wenn du dich mit Kneifen oder Ängstlichkeit um deine LEBENSAUFGABEN drückst, stehst du zu sehr im Mittelpunkt und klebst misstrauisch an der Vergangenheit. Du kannst dankbar deine einzigartigen Begabungen einsetzen, indem du mit Mut, Kreativität, Fantasie, Originalität und

Vertrauen andere Menschen zum Erfolg führst. Als Mitarbeiter des Himmels kannst du deine Vision annehmen und loslassen. Sie wird sich durch dich erfüllen.

Versöhnt bist du mit deiner Ängstlichkeit, wenn du sie nicht bekämpfst, sondern annimmst. Und wenn du von dir weg zu jemandem hin siehst und dein Sichtrauen vom Vertrauen tragen lässt.

Übungen zu Ängstlichkeit

Übe dich in stillem *GeWahrSein*.
Da ist Wahrheit, Sinn und Sein.

- Spüre deine Ängstlichkeit, lasse sie da sein, bekämpfe sie nicht und achte darauf, welche Botschaft in ihr steckt. Deine Ängstlichkeit ist nur ein Gefühl, das wieder vergeht.
- Erinnere dich an Risiken, die du eingegangen bist und die sich gelohnt haben. Erlebe noch einmal das Gefühl, das du danach hattest.
- Erstelle eine Tabelle. Welche Ziele hast du erreicht? Bei welchen Zielen haben andere dich ausgebremst? Bei welchen Zielen stand deine Überzeugung im Weg?
- Notiere alle deine Begabungen und Fähigkeiten und spüre die Energie, die dabei entsteht.
- Visualisiere das Erreichen deiner Ziele ganz konkret,

mit allen Sinnen. Nimm dabei die Menschen in den Blick, denen deine Ziele dienen.

- Realisiere den Zusammenhang von Erfolgreich-Machen und Erfolgreich-Sein. Wenn du Erfolg suchst, um dein Ego zu stärken, wird er ausbleiben oder vergehen.
- Erstelle eine Liste der Vereinbarungen, die du einhalten möchtest, und erinnere dich daran zu werden, der du bist.
- Plane ein neues Projekt, das dein Leben und das anderer bereichert und erfüllt. Erlebe die Gefühle, die dabei entstehen, in ganzer Bewusstheit.
- Notiere den ersten Schritt deines neuen Projekts und führe ihn sofort aus.

Anbiederung

Folgen oder Führen

»Du sollst dich anpassen«,

ruft Psychohygienicus dir zu. Er erinnert dich immer wieder an all die Stimmen, die du von klein auf verinnerlicht hast, all die Überzeugungen, Glaubenssätze, Dogmen, Vorschriften und Gesetze, die dir die Sicherheit geben, zu wissen, wie das Leben funktioniert: Ordnung, Fleiß, Zuverlässigkeit, Pflichtbewusstsein und Gehorsam. Inzwischen glaubst du, du bist diese Stimmen. Psychohygienicus meint, dass du mit diesen Tugenden Anerkennung und Liebe bekommen kannst – ihnen also folgen sollst.

MANCHMAL hat Psychohygienicus recht. Das Leben in Gemeinschaft funktioniert tatsächlich nur unter bestimmten Bedingungen, braucht gegenseitigen Respekt, Regeln, Rücksichtnahme und Wertschätzung. Manchmal ist es gut, es anderen recht zu machen. Recht zu geben, zu folgen.

TATSÄCHLICH aber weißt du genau, was du willst, und versteckst deine Führungskompetenzen. Weil du Angst hast. In Wahrheit bist du unabhängig von den Bewertungen, Beurteilungen und Suggestionen deiner Eltern, Erzieher, Lehrer, Partner, Gurus und Autoren. Du bist kein Reiz-Reaktions-Objekt. Es ist gut, wenn du dir alle deine inneren Stimmen bewusst machst. Dann kannst du frei, autonom und verantwortlich wählen, welcher von ihnen du folgen willst. Du kannst dein Leben leben und Menschen führen, weil du weißt, was du willst. Lebst du jedoch dein Leben nur, um die Erwartungen anderer zu erfüllen und um beliebt und anerkannt zu sein oder um Eindruck zu machen, dann schadest du dir nur. Dann wirst du gelebt.

Im Spiegel findest du dein eigenes Profil – mit deinen Werten und Normen. Entscheide in Verantwortung, welche Erwartungen du erfüllen möchtest.

Entsprechend solltest du die Erwartungen an die anderen möglichst gering halten und die Menschen in deinem Leben um ihrer selbst willen annehmen und wertschätzen. So wirst du immer unabhängiger von dem Zwang, dich beliebt zu machen, um geliebt zu werden. Du kannst es sowieso nie allen recht machen. Handle nach deiner Überzeugung und immer so, dass du die Überzeugungen der anderen anerkennst. Dann gehst du in deinen eigenen Stiefeln. Weil du weißt, was du willst.

ERFÜLLUNG findest du, wenn du in stillem *GeWahrSein* deine wahre Bestimmung findest und mit Selbstliebe und Wertschätzung für deine Mitmenschen die Balance von Führen und Folgen lebst.

Wenn du in deiner LIEBESBEZIEHUNG folgst, sei gleichzeitig im Geben, und wenn du führst, sei im Empfangen. Sei, wie du bist, verantwortlich und bedürftig. Und sei, der du bist, mit einer Schulter zum Anlehnen und anlehnungsbedürftig. Die Verbundenheit in *GeWahrSein* und Liebe hat die beste Balance in jeder Hinsicht zur Folge. In Freiheit und Leichtigkeit.

Deine LEBENSAUFGABE hast du gefunden, wenn deine Vision und dein Ziel mit deinem innigsten Wunsch zu tun haben und wenn sie dem Wohl und dem Erfolg anderer Menschen dienen. Ohne es ihnen recht machen zu müssen. Wenn du in jedem Augenblick du selbst und präsent bist, dann bist du – ein Präsent. Dann kannst du dein Ziel loslassen und Gott vertrauen. Es wird sich erfüllen. Wenn du andere erfolgreich machst, musst du dich nicht mehr anpassen, um dich aufzuwerten. Dann bist du unabhängig von Rückmeldung und Anerkennung, weil du sie automatisch erhältst.

Versöhnt bist du mit deiner Anbiederung, wenn du der wunderbaren Bedeutsamkeit deines wahren Selbst gewahr bist und machen kannst, was du willst, weil du liebst.

Übungen zu Anbiederung:

Übe dich in stillem *GeWahrSein*.

- Erinnere dich an Momente, in denen du dich angepasst hast, um es jemandem recht zu machen, und spüre, was du dabei empfunden hast.
- Zeichne einen roten Stiefel und schreibe Situationen darunter, in denen es sinnvoll ist, es anderen recht zu machen und sich anzupassen.
- Zeichne einen blauen Stiefel und schreibe Situationen darunter, in denen es sinnvoll ist, zu tun, was du für richtig hältst.
- Notiere bei beiden Stiefeln, welches Verhalten du verstärken, reduzieren oder sein lassen möchtest, und achte auf die Gedanken und Gefühle, die dabei entstehen.

- Definiere Freiheit durch Verantwortlichkeit.
- Erstelle eine Liste mit all deinen Eigenschaften, die dich einzigartig sein lassen. Versöhne dich mit allen, integriere sie und fühle deine Einzigartigkeit.
- Visualisiere eine Situation, in der du in deinen Stiefeln einen Menschen in dessen Stiefeln begleitest, und eine, in der jemand dich begleitet. Erlebe das Geschenk von Verbindung und Verbundenheit.
- Ent-decke die Idee von Ebenbürtigkeit durch die Balance von Führen und Folgen und die von Geben und Nehmen.
- Notiere die Standpunkte, von denen du dich nach vorne bewegen möchtest, nimm die Lebendigkeit von Veränderung wahr und plane für heute den ersten kleinen Schritt auf deinem neuen Weg.

Antriebslosigkeit

Grübeln oder Wahrnehmen

»Du musst nach- und vorausdenken«,

meint Psychohygienicus. »Du kannst aus schlechten Erfahrungen lernen, dich mit guten Erinnerungen trösten, kannst drohendes Unheil vermeiden und auf zukünftiges Glück hoffen.«

MANCHMAL hat Psychohygienicus recht. Manchmal ist es gut, wenn du grübelst und dir den Kopf »zerbrichst«. Du hast Verantwortung für das, was du getan, und für das, was du nicht getan hast. Und du hast Verantwortung für die freie Wahl deiner Entscheidung. Das Leben wird rückwärts verstanden und vorwärts gelebt.

TATSÄCHLICH aber erschließt sich der Sinn deines Lebens in der achtsamen Wahrnehmung deines Seins, in dem, was du bist, und nicht in dem, was du warst oder sein wirst. Wenn du im Grübeln stecken bleibst und völlig in deinen Erinnerungen lebst oder in Befürchtungen, Hoffnungen und Fantasien für die Zukunft, gerätst du in Antriebslosigkeit. Gleichzeitig hinderst du dich daran, den Sinn und die Fülle des Augenblicks zu erkennen, anzunehmen, zu nutzen und zu leben. Dann bist du eingeklemmt zwischen gestern und morgen. Wenn du aber im Hier und Jetzt aufmerksam, still, wach und konzentriert in dich hineinhörst, findest du die Fülle des Lebens. Das Leben stellt dir die Fragen, nicht du dem Leben. Sei dankbar für alle Erfahrungen der Vergangenheit und rechne voller Zuversicht und in absichtsloser Hoffnung damit, dass sich das Sinnvolle ereignet. Widme dich mit ungeteilter Aufmerksamkeit dem jetzigen Augenblick, einem Menschen oder einer Aufgabe. Und dann realisiere im Hier und Jetzt den Sinn, den du entdeckt hast, und deine wahre Bestimmung.

ERFÜLLUNG findest du, wenn du dich in stillem *GeWahrSein* an Gott oder dein höheres Bewusstsein anbindest und dabei deine Bestimmung und deine Liebe findest und lebst.

Der Mensch, mit dem du in einer LIEBESBEZIEHUNG bist, ist der Mensch, den du gewählt und für den du dich entschieden hast. Wenn du dich unbedingt erinnern möchtest, erinnere dich an die Begegnung, bei der du dich verliebt hast und bei der du dir eure Zukunft in den schönsten Farben ausgemalt hast. Hältst du deine Beziehung für schwierig? Dann bedenke, dass hier deine Erwartung an die Befriedigung deiner Bedürfnisse mit eine Rolle spielt. Bei Schuldzuweisungen bist du mit dem Verstand dabei, recht haben zu wollen. Sei ohne Grübeln präsent und spüre eure Verbundenheit. Schau deinen Partner/deine Partnerin mit diesem Gefühl der Verbundenheit an, dann werdet ihr euch neu verlieben. Dann wirst du geben wollen, statt zu nehmen, und glücklich machen wollen. Und dadurch glücklich sein.

Deine ureigene Bestimmung, die LEBENSAUFGABE, die du als Einzige(r) unter den Milliarden Menschen in ihrer Einzigartigkeit erfüllen kannst, findest du in dir. Wenn du in ungeteilter Aufmerksamkeit und in ganzer Ehrlichkeit den innigsten Wunsch deines Herzens gefunden hast und benennen kannst, bist du auf dem Weg zu deiner Bestimmung. Oder du lebst sie bereits. Du kannst es daran erkennen, dass du morgens voller Lust aus dem Bett springst, um an dein Tagwerk zu gehen. Du erkennst es auch daran, dass deine Aufgabe dem Leben anderer dient.

Versöhnt bist du mit deiner Antriebslosigkeit, wenn du in stillem GeWahrSein entdeckst: Du bist der, der du bist, und du lebst deine Bestimmung.

Übungen zu Antriebslosigkeit

Übe dich in stillem *GeWahrSein* und lasse dich von Gott in deine innere Mitte tragen.

- Eigne dir Meditationstechniken an, stelle das Telefon ab und schließe die Tür. Oder gehe in die Natur. Genieße die wache, konzentrierte, ungeteilte Präsenz.
- Beobachte deine Gedanken und Gefühle aus der Vergangenheit und für die Zukunft wie ein Zeuge deiner selbst.
- Beende den Kampf gegen deine Antriebslosigkeit ohne Bewertung und Urteil und suche den Sinn in ihr. Vielleicht willst du Gefühle erhellen oder vermeiden. Versöhne dich mit allen Gedanken dazu. Es kann sein, dass in dir etwas reifen will.
- Lasse alle Gedanken los. Aus ihnen entstehen all deine Gefühle. Nimm dich an, wie du bist, und sei, der du bist.

- Notiere Situationen deines Lebens, in denen Belastung und Anstrengung dir Kraft und Erfüllung gegeben haben.
- Fühle dich mit ungeteilter Aufmerksamkeit in deinen Partner oder die Menschen ein, die mit deiner Aufgabe und deinen Vereinbarungen zu tun haben, und spüre das Gefühl, ganz für andere Menschen da zu sein.
- Erlebe die Lust an der Energie, dem Sinn, der Liebe und all deinen Fähigkeiten, die dein Leben und das anderer Menschen bedeutsam und wertvoll machen.
- Halte dich bereit, Erfüllung erleben zu dürfen.
- Lasse dich von dem Gefühl dieses Augenblicks erfüllen und geh jetzt mit dem Sinn dieses Augenblicks zu deiner Partnerin, einem Freund und an deine Aufgabe.

Aufschieben

Verschieben oder Beginnen

»Du solltest das besser erst einmal verschieben«,

rät Psychohygienicus. »Du solltest unangenehme Aufgaben auf-schieben, kannst Telefonate und Sonstiges von deiner To-do-Liste spä-ter erledigen und übertriebene Anstrengungen vermeiden. Besonders bei größeren Projekten oder anstehenden Beziehungsklärungen.« Psychohygienicus bellt und beißt unentwegt, bis du ihm endlich nach-gegeben hast. Dann ist er der Herr und du bist sein Knecht.

MANCHMAL hat Psychohygienicus recht. Immer dann näm-lich, wenn er dich aus deinem Hamsterrad holen oder dich zur Besinnung auf das Wesentliche bringen will. Wenn er dir klarmachen will, dass ein Verschieben ganz wichtig ist, beispielsweise weil du im Moment zu er-schöpft bist oder du dich zu leer fühlst für die anstehen-de Aufgabe. Dann brauchst du eine Pause. Vielleicht ist es gut, wenn du dich 20 Minuten hinlegst. Manchmal brauchst du das Verschieben auch, um etwas zu tun, was dir mehr Freude macht, oder um das gute Gefühl zu be-kommen, (zunächst) etwas (anderes) erledigt zu haben. Es gibt für die wichtigen Dinge den richtigen Zeitpunkt.

TATSÄCHLICH aber fühlst du dich nur dann wirklich gut, wenn du die zu erledigende Aufgabe beginnst. Du weißt es doch: Der geringste Anfang ist mehr wert als alles Gerede über ein geplantes Projekt. Also mach den An-fang sofort. Öffne zumindest dein Schreibprogramm und schreibe den ersten Satz. Wenn du dich dann aus gutem Grund für eine Unterbrechung entscheidest und einen verbindlichen Terminplan für das Weitermachen aufstellst, dann ist das kein Aufschieben. Entscheidend ist, dass du dich für das Verschieben ohne Schuldgefühl und Selbstvorwurf entscheidest.

Jetzt hast du dich einerseits mit Psychohygienicus versöhnt, indem du auf ihn gehört hast; andererseits bist du Herr über ihn und über deine Zeit. Wenn du dann dein Projekt erledigst und vollendest, indem du deine Begabungen und Kompetenzen einsetzt, wirst du zufrieden sein. Du wirst die Kraft des Gelingens erleben. Denn die Arbeit, die du liegen lässt, ist anstrengender als die, die du erledigt hast. Also sei du der Held in deinem Leben und fang einfach an, dann kommt die Sache schon in Fluss.

ERFÜLLUNG findest du, wenn du in stillem *GeWahrSein* die Bereitschaft entdeckst, deiner Bestimmung zu folgen und deine Aufgaben zum Wohl anderer zu erledigen.

Wenn Psychohygienicus dir in deiner LIEBESBEZIEHUNG zum Aufschieben eines klärenden Gespräches rät, dann tu auch hier zumindest den ersten Schritt und mach einen Termin aus. Und dann lass los. Drängen, Festhalten und Rechthaben bewirken Zurückziehen, Kämpfen oder Weglaufen. Loslassen schafft den Raum, in dem Liebe sich angstfrei entfalten kann und Verbundenheit sich ereignet.

Deine LEBENSAUFGABE ist mit Anstrengung und erfüllender, harter Arbeit verbunden – und mit Verzicht. Nimm die Menschen in den Blick, denen deine Arbeit dient, und stell dir vor, dass deine Hilfe ihr Leben leichter, schöner und heiterer macht. Seine Bestimmung zu leben hat mit Verantwortlichkeit zu tun. Sie verbindet dich mit den Menschen und dem Leben. Was du tust und was du nicht tust, verändert die Welt. Wenn du es mit Hingabe tust, bist du, der du eigentlich bist, und erlebst tiefe Zufriedenheit. Dann ist deine Arbeit sichtbar gemachte Liebe.

Versöhnt bist du mit deinem Hang zum Aufschieben, wenn du dir in der Stille den rechten Zeitpunkt schenken lässt und dich entscheidest für Glücklichsein durch Glücklichmachen.

Übungen zu Aufschieben

Übe dich in stillem *GeWahrSein*.

- Spüre den Druck, den dein Aufschieben dir macht, ohne Bewertung und Urteil und ohne den Versuch, es zu überwinden.
- Erlaube dir diesen Augenblick der Rast und vergib dir und allen Menschen, die du für ihre Trägheit verurteilst.
- Zeichne zwei Waagschalen und notiere in die eine, welche Aufgaben für dich angenehm, wichtig und sinnvoll sind, und in die andere die, welche unangenehm, wichtig und sinnvoll sind. Welche Erkenntnisse folgen daraus?

- Führe deine To-do-Liste in Form von zwei Spalten, »gleich« und »bald«. Überprüfe und aktualisiere sie jetzt und dann täglich neu.
- Plane, an diesem Tag einmal von deiner To-do-Liste abzuweichen und etwas ganz anderes zu machen.
- Schreibe eine Liste mit den Eigenschaften, die du an anderen Menschen bewunderst, und notiere diese Eigenschaften als Anteile, die du in dir trägst.
- Spüre das Gefühl, das du erlebst, wenn du mit deinen Aufgaben zum Wohl anderer Menschen beiträgst.
- Visualisiere, wie du dein Ziel erreichst, und erlebe, wie das dabei entstehende Gefühl durch deine Bereitschaft zu Anstrengung und Verzicht verstärkt wird.
- Nimm dir vor, heute einen Menschen froh zu machen, plane den ersten Schritt dafür und tue ihn gleich.

Besitzsucht

Nehmen oder Geben

»Du darfst ruhig erst einmal an dich selbst denken«,

flüstert Psychohygienicus dir zu. »Wenn du Erfolg und Glück haben willst, musst du eine gesunde Einstellung zu Wohlstand, Reichtum und Besitz entwickeln. Du sollst deine Talente nicht vergraben, sondern vermehren. Du sollst, in Verantwortung für deine Zukunft, nehmen, sammeln und festhalten können.« Psychohygienicus meint damit nicht nur Geld und Besitz, sondern auch Informationen, Ideen und Erkenntnisse. Auch Zuneigung, Anerkennung und Liebe sollst du annehmen, um sie weitergeben zu können.

MANCHMAL hat Psychohygienicus recht. Du musst lernen, jegliche Form von Reichtum zu schätzen und anzunehmen. Sei nicht freigiebig, nur um dich beliebt zu machen. Dann ist dein Geben ein subtiles Nehmen, um deinen Selbstwert zu erhöhen. Wenn du auf Menschen triffst, die es darauf anlegen, dich auszunutzen oder auszubeuten: Sag Nein und halte fest. Für den Moment wahrhaften Gebens.

TATSÄCHLICH aber sollte es eine Balance von Geben und Nehmen geben. Nehmen allein oder geben, um zu nehmen, isoliert dich, lässt dich vereinsamen, dein Herz kalt werden und austrocknen. Wie bei einem Brunnen: Frisches Wasser kann nur dann nachfließen, wenn aus ihm geschöpft wird. Hältst du immer nur fest und lässt Herz und Jackentaschen zugeknöpft, wird dein Leben von der Angst vor dem Mangel gelähmt. Angesichts der Begrenztheit deines Lebens ist dein Besitz bedeutungslos. Sei lieber von Herzen freigiebig mit deinem Wohlstand, deinem Wissen und deiner Liebe. Es wird alles vervielfacht zu dir zurückkehren. Dann teilst du gerne, um andere glücklich zu machen.

ERFÜLLUNG findest du, wenn du dich in stillem *GeWahrSein* von deiner höheren Macht mit der Erkenntnis beschenken lässt, dass dein Reichtum in dir ist und geteilt werden möchte.

Wenn du in der LIEBE nehmen, besitzen und festhalten willst, dann vergeht sie dir, dann geht sie. Sie kommt als Gast, wenn du es nicht forderst. Zwischen ihren Besuchen ist es gut, immer wieder im Ganz-da-Sein zu verweilen. Und wenn sie da ist, auch. Du kannst die Liebe nicht horten. Sie wird mehr, wenn du sie loslässt und weggibst. Wenn du sie von jemandem brauchst, geht sie. Sie braucht dich nicht. Sie will sich selbst erfüllen.
Du kannst einfach unter allen Umständen zu deinem Partner stehen und das Spiel »beim Nächsten wird alles besser« heute beenden und sagen: Egal, was mit mir, dir oder uns ist: Ich gehe nicht weg. Und ich besitze dich nicht. Ich bleibe, weil ich mich dir ganz geben will.

Wenn du zur Bewältigung deiner LEBENSAUFGABE in deine innere Mitte gehst, um dort auf Entspannung, Glück, Reichtum und Erleuchtung zu warten, steckst du mitten in deiner Besitzsucht. Dann steh lieber auf und tu etwas Sinnvolles. Aber wenn du deinen inneren Reichtum entdeckst, den du gern teilen möchtest, führt das dazu, dass du auch deinen äußeren Reichtum teilen möchtest. Dann stiftet das Teilen dessen, was du hast und bist, dir und anderen Fülle, Segen, Heilung, Lösung und Weite – und die Bereitschaft zu empfangen.

Versöhnt bist du mit deiner Besitzsucht, wenn dein Nehmen ein Empfangen ist, das zu einem Geben führt, das glücklich macht.

Übungen zu Besitzsucht

Übe dich in stillem *GeWahrSein*.

- Spüre ohne jegliches Urteilen allen unterschiedlichen Gefühlen nach, die auftauchen, wenn du an deinen Besitz und die Lust, ihn zu mehren, denkst (Dankbarkeit, Träume, Gelassenheit, Sicherheit, Neid, Gier, Befriedigung, Verdienthaben).
- Notiere den Unterschied zwischen Nehmen und Empfangen.
- Was bedeutet für dich Reichtum?
- Notiere deine Erinnerung an bisherige Lebensabschnitte mit 10, 20, 30, 40 oder 50 Jahren in Bezug auf das Verhältnis von Nehmen und Geben. Was war dabei sinnvoll? Wie ist die Gewichtung zurzeit? Was möchtest du verändern?
- Erstelle eine Liste der Dinge, die du retten würdest, wenn dein Haus brennt.
- Welchen inneren und äußeren Reichtum möchtest du in 10 Jahren haben?

- Meditiere, wie du deine Bereitschaft zu wirklichem Empfangen stärken kannst.
- Notiere Möglichkeiten, etwas von dir selbst oder von deinem Besitz zu teilen und zu geben, die vollkommen ausschließen, dass du etwas dafür zurückbekommst, und spüre das Gefühl, das dabei entsteht.
- Überlege dir, was du wem heute wie geben oder schenken könntest, und tue jetzt den ersten Schritt.

Fremdbestimmtsein

Müssen oder Wollen

»Du sollst dich als Teil des Ganzen verstehen«,

ermahnt Psychohygienicus dich. »Du musst deine Pflichten erfüllen, damit das Uhrwerk läuft. Du musst aufstehen. Zeitig. Und arbeiten. Fleißig. Du musst immer höflich und gehorsam sein. Du musst die Gesetze und die Gebote einhalten. Du musst dich um deine Firma und um deine Familie kümmern.« Psychohygienicus behauptet, du würdest nur dann geliebt und anerkannt, wenn du anständig und gehorsam bist und genügend Kraft, Zeit und Liebe hast, alle Erwartungen und Bedürfnisse zu erfüllen und zu befriedigen – die der anderen und die deinen.

MANCHMAL hat Psychohygienicus recht. Du hast Vereinbarungen getroffen, hast Verantwortung und Verpflichtungen übernommen, die du einhalten musst. Du bist ein Teil des Ganzen. Es liegt auch an dir, dass das Uhrwerk läuft. Du hast deinen Anteil daran, dass das Leben gelingt.

TATSÄCHLICH aber musst du nichts. Wirklich nichts. Noch nicht einmal essen und trinken. Nur eins wirst du müssen: den endgültigen Abschied nehmen. Nicht einmal das musst du wirklich. Du musst nur sterben. Wenn du dir das bewusst machst, bist du in dieser Sekunde von sämtlichem Druck befreit. Bei jedem anderen vermeintlichen »Muss« hast du die freie Wahl. Du kannst dich in jeder Sekunde deines Lebens auch anders entscheiden. Natürlich hat deine Entscheidung in jedem Fall Konsequenzen, die du bedenken solltest, und prüfen, ob du bereit und in der Lage bist, sie zu tragen und sie den davon betroffenen Menschen zuzumuten. Die Freiheit zur Entscheidung ist aber etwas grundsätzlich anderes als Willkür. Trage die Verantwortung für deine Entscheidungen und fälle sie zu deinem Wohl und dem der anderen. Streiche »ich muss« aus deinem Sprachgebrauch und ersetze es durch »ich will«, »ich darf«, »ich habe mich dafür entschieden«. Dann bist du in einer freien Verantwortlichkeit, in der du ein unersetzbares Teil des Ganzen bist.

ERFÜLLUNG findest du, wenn du in stillem *GeWahrSein* erfährst, dass du deinen Daseins-Sinn finden und leben willst; die Bestimmung, die deine ist und die sich durch dich verwirklichen will.

In der LIEBE gibt es kein Fremdbestimmtsein. Wenn du meinst, deinem Partner etwas sagen oder tun zu wollen oder zu müssen, und dir die Worte und Taten fehlen, das ist die Liebe. Sie ist einfach. Du kannst sie nur wahrnehmen und zulassen. Sie ist, was sie ist. Sonst nichts. Und das ist alles. Auch die Schneeflocke weiß genau, wo sie landet. Die Liebe sagt: Da bin ich. Dem schließe dich an. Du kannst, was deinen Partner angeht, denken: Da bist du. Aber denk nicht so viel. Du kannst auch einfach denken: DU.

Bei der Erfüllung deiner Bestimmung und deiner LEBENS-AUFGABE musst du noch nicht einmal wollen. In dir findest du deine Seele, die sich nach Einssein und Glücklichsein sehnt. Sie will atmen und ins Leben wachsen. Das musst du nicht zulassen. Es geschieht einfach. So, wie deine Lunge ihre Bestimmung erfüllt: Es atmet dich. Du kannst in dieser Sekunde beschließen, ein neuer Mensch zu sein und deiner Bestimmung zu folgen. Meist hat es damit zu tun, im Dienst anderer Menschen zu stehen. In dir ist ein Samenkorn der Liebe, das platzt vor Glück, aufplatzen zu dürfen. Lass es zu. Dein Ich will am Du zum Wir werden. Teil des Ganzen sein.

Versöhnt bist du mit deinem Fremdbestimmtsein, wenn du erkennst, dass du dich in stiller, leidenschaftlicher Gelassenheit über das Glück deiner gelebten Bestimmung freuen kannst.

Übungen zu Fremdbestimmtsein

Übe dich in stillem *GeWahrSein* und realisiere die Freiheit, diese Übungen nicht machen zu müssen.

➡ Spüre den Druck aller Pflichten, die von außen an dich herangetragen werden und die du dir selbst auferlegt hast, und bleibe für einen Moment in dieser beklemmenden Unsicherheit, Müssen und Wollen nicht immer unterscheiden zu können.
➡ Zeichne zwei Gefäße und schreibe hinein, was du wirklich freiwillig willst bzw. was du tun und sein musst.
➡ Bleibe für eine frei gewählte Zeit (Minuten oder Tage) in konzentrierter Präsenz und forsche tief in deinem

Herzen nach deinem innigsten Wunsch. Darin liegt die Sehnsucht nach deiner wahren Bestimmung.

- Übe dich in absoluter Ehrlichkeit dir selbst gegenüber, auch wenn du dabei zunächst erschrickst.
- Schreibe eine Liste mit all deinen Wünschen und hänge sie an einen Ort, an dem du sie mehrmals täglich siehst. Die Liste führt dich zu dem, der du wirklich bist.
- Gib deiner Seele Zeit herauszufinden, welche Wünsche mit Menschen zu tun haben, die dir wichtig sind.
- Notiere die Verpflichtungen, die du für nicht sinnvoll hältst, löse die Angst vor deren Entledigung, indem du sie dir erlaubst, und dann grenze dich beherzt ab.
- Erlebe das Vertrauen, von Gott begleitet und geführt zu sein, und lass geschehen, wozu du auf der Welt bist.
- Lebe und genieße das Glück und die Freiheit, das zu tun und zu sein, was du tun und sein willst – weil du es tun und sein sollst.

Hochmut

Schuldzuweisen oder
Mitverantworten

»Du hast damit nichts zu tun«,

redet Psychohygienicus dir zu. »Du bist wieder mal das arme Opfer der Fehler der anderen. Wenn dein Partner dich mehr lieben würde, wenn dein Chef deine wahren Fähigkeiten sehen würde, wenn die anderen nicht so unfähig, stur, unkooperativ und beziehungsunfähig wären, dann …« Mit diesen oder ähnlichen Entschuldigungen will Psychohygienicus dir einreden, dass es absolut nicht an dir liegt, wenn die Dinge nicht gelingen.

MANCHMAL hat Psychohygienicus recht. Du hast im Rahmen deiner Möglichkeiten alles getan, um zu einem guten Ergebnis zu kommen, und den Hauptanteil am Misserfolg hatten vielleicht wirklich die anderen.

TATSÄCHLICH aber hat jeder Beteiligte an einem Misserfolg Anteil an dem, was nicht gelungen ist. Immer, wenn du hochmütig mit einem Finger auf einen anderen Menschen zeigst, zeigen drei Finger auf dich zurück. Du verurteilst bei anderen Menschen Dinge, die du unversöhnt in dir selbst trägst. Vielleicht erhebst du dich über andere, um der notwendigen Selbstkritik auszuweichen. Hochmut entsteht aus Angst. Aber du kannst deinen Anteil ohne Selbstentwertung anschauen, dich mit der Angst versöhnen und sie auflösen. Wenn du erkannt hast, dass nur du allein für dein Leben verantwortlich bist, dann gilt als Erstes, danach zu schauen, worin dein Anteil an einem Misserfolg besteht, was du daraus lernen und was du dazu beitragen kannst, dass es sich zum Guten wendet oder sich eine Alternative auftut. Es gibt nichts in deinem Leben, was nicht in Beziehung zu dir steht.

Alle deine Erfahrungen sollen dazu dienen, dass du dich weiterentwickeln und wachsen kannst, auch um deine Lebensqualität beständig zu verbessern.

ERFÜLLUNG findest du, wenn sich in stillem *GeWahrSein* deine Angst auflöst und du das Muster der Schuldzuweisung unterbrichst, indem du das Wohl der anderen in den Blick nimmst.

Wenn du in deiner LIEBESBEZIEHUNG in einem Konflikt steckst, ist das ein Zeichen, dass du etwas lernen sollst. Höre auf, den anderen zu beschuldigen, ihn verändern und umerziehen zu wollen. Wenn du verlassen worden bist, ertrage den Verlustschmerz und frage dich gleichzeitig, wann und warum du deine Partnerin bereits vorher verlassen hast. Akzeptiere das Verhalten deiner Partnerin, lasse sie los und bleibe in Verbundenheit. Wenn du alle deine guten und weniger guten Anteile mit Güte akzeptierst, Verantwortung für deine Veränderungsmöglichkeiten übernimmst und der Liebe Raum gibst, wirst du erleben, dass deine Partnerin wieder auf dich zukommt. Dann könnt ihr einen Schritt weiter gehen. Du bist glücklich, wenn du gibst und glücklich machst.

Dein wahres Selbst verurteilt nicht, weder dich noch einen anderen. Rechthaberisches Urteilen ist die Ursache für sämtliches Leid. In der Mitte deines Herzens aber findest du Vergebungsbereitschaft, für deine Anteile und für die der anderen. Konflikte und drohende Trennungen, die mit deiner LEBENSAUFGABE zu tun haben, lösen sich auf, wenn du den anderen in den Blick nimmst. Das ermutigt ihn zu Wahrhaftigkeit. Vorurteilslosigkeit und Vergebung beenden den Machtkampf und befreien zu gemeinsamer Verantwortung.

Versöhnt bist du mit deinem Hochmut, wenn du die Vergebung Gottes annimmst und Verantwortung übernimmst für dich und für die Menschen, für die du verantwortlich bist.

Übungen zu Hochmut

Übe dich in stillem *GeWahrSein*.

- Spüre den Druck des eigenen Schuldigbleibens an dem Projekt, das nicht gut gelungen ist, und die vermeintliche Entlastung durch Schuldzuweisung. Beobachte dich und deine Gefühle ohne jedes Urteilen.
- Erstelle eine Liste all derer, die du für schuldig hältst, und schreibe daneben, was dein Anteil an der Schuld ist.
- Zeichne zu einem misslungenen Projekt oder Gespräch zwei Glühbirnen, eine schwarze mit Namen »Betroffenheit« und eine gelbe mit Namen »Lektion«. Schreibe zu der schwarzen: Warum passiert das immer mir und wie konnte mir das jemand antun? Schreibe zu der gelben: Welche Herausforderung erwächst aus dieser Situation und wie kann ich jetzt konkret handeln? Beobachte in den nächsten Wochen, wann

du als Betroffener und wann du als Lernender reagierst.

- Wenn du in den nächsten Tagen einen Streit miterlebst, stelle fest, wer »Schuld« hat.
- Plane dein nächstes Projekt so, dass du die Verantwortung hast für dein Erleben und die Atmosphäre, die Gelingen ermöglicht, indem du Schuldgefühl und Schuldzuweisung ausschließt.
- Definiere Hochmut und Demut.
- Lass dir in deiner inneren Mitte von Gott den wahren Wert zeigen, den er dir zugedacht hat.
- Nimm dir vor, vollständig zu vergeben. (Was du nicht vergessen willst, wird wieder geschehen.)
- Erlebe täglich die Freiheit, die aus Vergebung erwächst.

Hoffnungslosigkeit

*Verzweifeln oder
Zuversichtlichsein*

»Du siehst doch, dass die Dinge immer schlechter werden«,

redet Psychohygienicus dir ein. Dann erinnert er dich an die vielen Kriege und all die Verbrechen in den Nachrichten, an Arbeitslosigkeit, Umweltzerstörung, die drohende Klimakatastrophe und vor allem an das miserable Klima in deinem Leben, das Misslungene, die Tragödien, die menschlichen Verluste und die Befürchtung, dass auf die Partnerin und die Freunde auch kein Verlass mehr ist.

MANCHMAL hat Psychohygienicus recht damit, die Dinge schwarzzusehen, nämlich so, wie sie sind. Er will, dass du die Missstände realistisch in den Blick nimmst, und warnt dich, sie mit rosaroter Brille schönzureden oder die Augen zu verschließen und diese Dinge mit Aktionismus zu übergehen. Dein Freund Psychohygienicus weiß auch: Der Versuch, die Wirklichkeit durch Betäubung für einen Moment zu vergessen, treibt dich nur weiter in Depression, Resignation und Lebensmüdigkeit.

TATSÄCHLICH aber hast du in deinem Leben bereits einige Krisen bewältigt. Und durch den tief in jedem Menschen verwurzelten Glauben an das Leben weißt du, dass es in jeder Phase deines Lebens und unter allen Umständen einen Grund zur Zuversicht gibt, für diese Welt und für dein Leben. Schau dir den jeweiligen Umstand mit Besonnenheit an und entscheide dann in Verantwortlichkeit für dich und andere, welchen Beitrag du leisten kannst. Du könntest damit in deiner direkten Umgebung beginnen. Erwarte nicht, dass nur die anderen etwas tun. Tu du den ersten Schritt. Tatsächlich gibt es Zeiten im Leben, wo tragende Säulen – Arbeit, Partnerschaft, Freunde oder Glaube – weggebrochen sind oder wegzubrechen drohen. Dann siehst du dich in tiefstem Elend, von Gott und der Welt verlassen. Wenn du dir erlaubst, deinen ganzen Schmerz zu spüren, ihn zuzulassen und anzunehmen, bist du auf dem Weg, dich selbst anzunehmen. Du erkennst, dass du nicht ausgeliefert warst, sondern einen Anteil an dem Unglück hattest, und du beginnst, den oder die anderen Menschen in den Blick zu nehmen. Das ist der Moment, wo du erfährst: Du bist nicht allein. Der Moment, wo du tief in dir Zuversicht entdeckst. Glaube an das Gelingen und an die Zukunft. Und selbst wenn morgen die Welt unterginge, solltest du heute noch einen Apfelbaum pflanzen.

ERFÜLLUNG findest du, wenn du in stillem *GeWahrSein* auf Gott oder dein höheres Bewusstsein hörst und deine wahre Bestimmung findest und lebst.

Verzweiflung in einer LIEBESBEZIEHUNG hat meist mit einem Verlust zu tun, den man nicht überwunden hat. Wenn du verlassen worden bist, kommen alte Verlustschmerzen wieder nach oben. Das macht dir deine Bedürftigkeit und Einsamkeit bewusst. Aber indem du erkennst, dass es die Liebe nicht ohne diese tiefen Verletzungen gibt, erkennst du gleichzeitig deine Liebesfähigkeit. Und wenn du den Partner mit deiner ganzen Liebe loslässt und freigibst, kann es sein, dass er sich dir wieder zuwendet.

Wenn du mit deiner LEBENSAUFGABE, in deinem Beruf in einer Krise steckst, bist du aufgerufen, den Sinn darin zu entdecken. Nimm die Menschen in den Blick, denen deine Arbeit dient, oder verstehe die Krise als Chance, eine neue Bestimmung zu finden.

Versöhnt bist du mit deiner Hoffnungslosigkeit, wenn du dich von Gott in deine Mitte tragen lässt, um in jeder Dunkelheit ein Licht erkennen zu können und dich trotz allem wunderbar geborgen zu fühlen.

Übungen zu Hoffnungslosigkeit

Übe dich in stillem *GeWahrSein.*

- Laufe nicht weg vor deiner Verzweiflung, decke sie nicht zu und betäube sie nicht. Öffne dich in stillem *GeWahrSein* ganz deinem Schmerz, gehe hinein, halte ihn aus, höre auf die Botschaft darin und erlebe, wie er sich auflöst.
- Erinnere dich an die Krisen, die du überstanden hast, und denke daran, dass du immer von Gott getragen wirst und nicht tiefer fallen kannst als in die Hand Gottes.
- Besinne dich darauf, wem du vergeben willst, und tu es.
- Schreibe eine Geburtstagsrede, die dein bester Freund über dich hält. Von welchen Taten, Fähigkeiten, Haltungen und erreichten Zielen, die du der Welt hinterlässt, erzählt er?

- Stell dir vor, dass dein Leben ein Film ist. Male dir die nächste Szene so aus, dass du das Kino nicht vorzeitig verlassen möchtest.
- Notiere deine Definition von Zuversicht.
- Mache eine Liste, wem du heute etwas ganz ohne Erwartung geben könntest und wie du jemandem deine Liebe zeigen könntest. Und spüre das Gefühl, das dabei entsteht.
- Wem kannst du heute Hoffnung für den Sinn seines Lebens machen, indem du ihm sagst, wie wertvoll er für dich ist? Spüre in stillem *GeWahrSein* den Wert und die Bedeutung, die dieser Mensch für dich hat.
- Erstelle eine Liste all der Dinge, für die du in diesem Augenblick dankbar bist, und erlebe das Gefühl, das du dabei hast.

Ichsucht

*Sichhervortun oder
Zusammenarbeiten*

»Du solltest zeigen, wie gut du bist«,

dann verspricht Psychohygienicus dir Macht, Ruhm, Beifall, Glanz, Reichtum und vor allem Selbstwerterhöhung. Du sollst immer einen kritischen Blick, eine kritisch-wohlwollende Rückmeldung und einen guten Rat für die anderen haben. Dabei sollst du darauf achten, dein Können, dein Wissen und deine Einzigartigkeit in die Waagschale zu werfen. Psychohygienicus warnt dich, deine Begabungen und Fähigkeiten, vor allem dein Leuchten unter den Scheffel zu stellen. Dein Licht ist schließlich keine Friedhofslampe.

MANCHMAL hat Psychohygienicus recht. Dann nämlich, wenn du zu wenig Selbstbewusstsein hast, wenn du deine Fähigkeiten und Talente ständig zu gering einschätzt, wenn du eine falsche Bescheidenheit entwickelst und die anderen immer für besser hältst als dich. Dann würde es dir guttun, dich ein wenig hervorzutun.

TATSÄCHLICH aber liegt die Wahrheit in der Mitte. Tatsächlich geht es um Zusammenarbeit. Du bist ein einmaliger und einzigartiger Mensch und sollst dich bei nichts und niemandem für unwichtig und weniger wert halten. Gleichzeitig sollst du dich aber auch nicht über einen anderen Menschen erheben und dich für besser halten als ihn. Du bist – wie jeder – mit einzigartigen Begabungen ausgestattet, die dich von allen anderen Menschen auf der Welt unterscheiden. Wenn du diese Begabungen zur Schau stellst, bist du nicht du selbst. Dann vermuten die anderen dahinter eine eingebildete Wertlosigkeit. Aber du bist wertvoll! Und damit unwiderstehlich. Damit tust du dich hervor. Du schadest dir nur, wenn du unbedingt Eindruck machen willst. Es muss sich nicht alles ichsüchtig um dich drehen. Du musst nicht als Bester im Mittelpunkt stehen und du brauchst keine Masken, Rollen und Täuschungsmanöver. Also sei ein Partner.

ERFÜLLUNG findest du, wenn du in der Stille auf dein inneres Selbst hörst und deine wahre Bestimmung findest und lebst.

Partnersein in der LIEBESBEZIEHUNG bedeutet, sich mit ganzer Aufmerksamkeit und Hingabe zu schenken, ganz für den anderen da zu sein. Bei einer echten Begegnung schauen Partner einander mit dem Herzen an und täuschen einander nicht mit Sichhervortun. Die Früchte echter Partnerschaft sind Verbundenheit, Nähe und Liebe. Wenn du deine Beziehung an die erste Stelle setzt, werdet ihr alle Lektionen meistern und partnerschaftliches Glück erleben.

In dir steckt eine einzigartige LEBENSAUFGABE. Du musst keine Angst haben vor deiner Vision. Du musst deine Lebensaufgabe oder deinen Lebenszweck nicht erfüllen. Er erfüllt sich durch dich! Es ist eine Entscheidung für das Glück, wenn du deiner Bestimmung folgst. Also tu deine Arbeit als Dienst und als Partner. Kennst du einen dieser Menschen, in deren Gegenwart man zur Ruhe kommt, Ermutigung und Frieden spürt, Aufwertung erlebt und sich einfach wohlfühlt? – Genau solch ein Mensch kannst du sein. Wenn du siehst, dass du zusammen mit deinen KollegInnen ein gemeinsames Ziel hast, werdet ihr euch unterstützen und ihr werdet Zugehörigkeit, Sicherheit und Akzeptanz erleben. Manchmal wirst du führen und manchmal wirst du folgen. Aber ihr werdet immer gleichwertig sein. Es geht darum, deine besonderen Begabungen zu entdecken und einzusetzen. Dann tust du dich hervor, mit partnerschaftlichem Dienst und verbindlichem Beitrag. Nur im Miteinander und gegenseitigem Austausch kann Großes geschaffen werden.

Versöhnt bist du mit deiner Ichsucht, wenn du für deine Mitmenschen ein Partner bist, ohne dein Licht unter den Scheffel zu stellen.

Übungen zu Ichsucht

Übe dich in stillem *GeWahrSein*.

- Wenn du dich gerne hervortust und manchmal denkst, der Beste zu sein, hadere nicht mit dir. Spüre stattdessen deine Unsicherheit dahinter und deine Selbstzweifel und akzeptiere sie als einen Teil von dir.
- Zeichne zwei Sonnen und schreib in die eine all deine Begabungen, Fähigkeiten, Ideen, Projekte, Erfolge und Taten der Liebe, über die du gerne mit anderen redest. Schreib in die andere Sonne alles von dir, über das du nicht redest. Vergleiche die Sonnen und prüfe, bei was du zu viel bzw. zu wenig glänzt.
- Erstelle eine Liste all der Vorhaben, bei denen du

Zusammenarbeit stärken könntest, und schreibe dazu, wie du das machen wirst.

- Geh in stilles *GeWahrSein* und beschreibe deine wahre Bestimmung, die Liebe und die einzigartige Lebensaufgabe, für die du auf die Welt gekommen bist.
- Wenn heute Nacht ein Wunder geschähe und du müsstest ab morgen weder dein Licht unter den Scheffel stellen noch dich hervortun und glänzen, was wäre geschehen und was wird dann sein?
- Notiere 20 Punkte des Gewinns, den andere Menschen dadurch haben, dass dein Leben zählt und Bedeutung hat.
- Zeige heute deinem Partner deine Liebe, indem du ihm erzählst, durch was er für dich ein wirklicher Partner ist.
- Definiere Ebenbürtigkeit.
- Mach, was du willst, aber liebe.

Lustprinzip

*Nachgeben oder
Widerstehen*

»Du darfst ruhig zugreifen«,

flüstert Psychohygienicus dir ins Ohr. »Du darfst deine Lust auskosten und genießen. Greif zu! Freue dich an gutem Essen, an allem Schönen, an deinen fünf Sinnen, einem guten Witz, einer guten Idee, einer Erkenntnis, einer Problemlösung, an wahrem Miteinander, an körperlicher Lust, an der Natur, an süßem Nichtstun und an dir. Fühl dich einfach wohl!«

MANCHMAL hat Psychohygienicus recht. Es ist gut und wichtig nachzugeben, wenn es einen guten Grund gibt, Lust zu erleben. Du kannst nicht immer diszipliniert und streng mit dir sein und immer nur asketisch widerstehen. Vor allem darfst du Disziplin nicht höher bewerten als Lebensqualität, Lebensfreude und Lebenslust. Das gilt für Leib, Seele und Geist.

TATSÄCHLICH weißt du, dass Bekämpfen und Überwinden deinen Psychohygienicus nur noch bissiger machen. Also erlaube dir immer wieder einmal, einer Verführung ohne schlechtes Gewissen nachzugeben. Aber mach dir gleichzeitig klar, dass es auf das rechte Maß ankommt. Dass angemessener Verzicht zu deinen größten Verdiensten gehört, mit Glück und großer Lust verbunden sein kann und ein gutes Mittel ist, um dich zum Wesentlichen und Sinnvollen zu führen. Sonst führt dauernde kurzfristige Befriedigung zu langfristigem Schaden. Vernunft im Widerstehen schenkt die Weisheit zur Unterscheidung zwischen Ja und Nein. Körper, Geist und Seele brauchen deine liebevolle Fürsorge. Wenn du dich in eine grund-lose Lust stürzt, wirst du haltlos, und wenn du jeden guten Grund zur Lust meidest, wirst du stumpfsinnig. Immer wenn es dir allein um die Lust geht, vergeht sie dir. Du brauchst dafür einen guten Grund. Und wenn du feststellst, dass du in einer Sache maßlos wirst, dann überprüfe, ob du dir damit nur einen Ausgleich schaffst für etwas, das dich in deinem Leben unzufrieden oder unglücklich macht, etwas, bei dem der Sinn fehlt. Versöhne dich mit dem, was dich unzufrieden macht, oder wähle eine Alternative, dann findest du das rechte Maß.

ERFÜLLUNG findest du, wenn du in stillem *GeWahrSein* dein Ganz-da-Sein genießt und in deiner Mitte die Bestimmung findest, in der du dein rechtes Maß leben kannst.

Lust in der LIEBE bedeutet, dass Trennung überwunden ist. Grundlose Lust, die sich selbst als Ziel hat, kann keine Verbundenheit herstellen und keine Leere füllen. Wenn du in stiller Präsenz bei deiner Partnerin oder deinem Partner bist, findest du in dir die Gabe der Hingabe. Dann kannst du dich in Liebe und mit allen Sinnen fallen lassen und kannst eine Leidenschaft erleben, die keine Leiden schafft. Das ist die gemeinsame Lust am Glück und am gemeinsamen Sein, in gegenseitiger Verantwortlichkeit für das rechte Maß von Lust und Verzicht und von Geben und Nehmen.

Wenn du bei der Erfüllung deiner LEBENSAUFGABE die Lust um ihrer selbst willen suchst, wirst du in fader Selbstbefriedigung stecken bleiben. Solchen Aufgaben widerstehe besser. Wenn du aber die Menschen in den Blick nimmst, denen du mit deinen Aufgaben dienst, wirst du tiefe und erfüllte Befriedigung erfahren. Dann wird auch das lustvolle Fest, das du nach Erledigung einer Aufgabe feierst, eines sein, bei dem du im Geist der Liebe und der Gemeinschaft deine Gäste verwöhnen willst. Dann greife auch du lust- und maßvoll zu.

Versöhnt bist du mit deinem Lustprinzip, wenn du weder im Verlangen ertrinkst noch im Verzichten vertrocknest, sondern in gesundem Maß dein Leben lebst.

Übungen zu Lustprinzip

Übe dich in stillem *GeWahrSein.*

- Erinnere dich an Momente der letzten Zeit, als du kurzfristige Selbstbefriedigung gesucht hast, die einen faden Beigeschmack hatte, und erlaube dir rückblickend, dass du ein gutes Gefühl dabei hattest.
- Erstelle eine Liste mit all dem, was dir sinnlichen Genuss bereitet, und nimm wahr, dass dein Kampf und dein Widerstand gegen deine Maßlosigkeit dich maßlos machen.
- Zeichne zwei Krüge und schreibe dazu: Bei welchen Dingen fällt dir Maßhalten schwer und bei welchen leicht. Welche Erkenntnisse ziehst du daraus und was willst du verändern?
- Teile ein Blatt Papier in zwei Hälften und notiere den Gewinn bei Lust und den Gewinn bei Verzicht.

- Welche lustvollen Begierden kannst du kreativ so umwandeln, dass sie den Menschen dienen, die mit deiner *Lebensaufgabe* zu tun haben?
- Notiere alle Erfahrungen, bei denen du tief befriedigende Erfüllung erlebt hast, und entwirf einen Plan: Welche Einstellung und welches Handeln möchtest du davon in deine Zukunft mitnehmen?
- Sammle Kriterien, die dich dein Leben als sinnvoll und gelungen erleben lassen.
- Definiere die Balance von »Mit-mir-Sein« und »Mit-jemandem-Sein«. Was möchtest du verändern?
- Übe dich in stillem *GeWahrSein* und nimm dabei Menschen in den Blick, die dir wichtig sind. Dann geh auf sie zu.

Mutlosigkeit

Angst oder Vertrauen

»Du kannst das doch nicht«,

warnt Psychohygienicus. Das Projekt ist für dich zu groß oder zu schwierig. Psychohygienicus verstärkt deine Selbstzweifel und versucht dir einzureden, dass du dies oder jenes nicht schaffst. Dass dir die Begabung fehlt, die Intelligenz, die Geschicklichkeit, der Fleiß, die Ausdauer, das Vertrauen, die Liebe und vor allem der Mut. Oftmals hat Psychohygienicus hierbei noch andere Schweinehunde an seiner Seite: den Pessimismus, die Unentschlossenheit oder die Selbstentwertung.

MANCHMAL hat Psychohygienicus recht. Dann nämlich, wenn er dich vor Naivität und Übermut warnt. Bei manchen Dingen solltest du es dir ruhig eingestehen, wenn du unvorbereitet oder überfordert bist. Dein erster Berg sollte kein Achttausender im Alleingang und in Badeschlappen sein.

TATSÄCHLICH aber brauchst du Mut zum Träumen und Vertrauen. Sonst hast du keine Kraft zum Kämpfen. Wenn du dir dein Ziel lebhaft vor Augen stellst, so als hättest du es schon erreicht, wird in dir Energie frei, deine Kompetenzen zu stärken, neue Fähigkeiten zu entdecken, neue Bedingungen zu schaffen und Rat und Hilfen einzubeziehen. Nimm also ein wenig Sauerstoff mit bei deinem ersten großen Berg und bereite dich gut vor. Du kannst deine Vision visualisieren. Es kann auch gut sein, zunächst ein wenig Abstand zu nehmen. Du kannst den Gipfel vom Tal aus besser sehen. Das wird dir Energie geben, die dir Mut macht, dein Vorhaben zu verwirklichen. Glaube an dich und daran, dass du mehr kannst, als du dir jemals vorstellen konntest. Damit bist du auf dem Weg zum Ziel. Und je stärker du dir dein Ziel wünschst, desto sicherer wirst du es erreichen.

ERFÜLLUNG findest du, wenn du in stillem *GeWahrSein* in deiner Seele nach deinem Herzenswunsch suchst, ihn entdeckst und dich von Gott zu deiner Bestimmung führen lässt.

Wenn dein Berg mit deiner PARTNERSCHAFT zu tun hat, frag dich, ob dein Partner deine Hilfe braucht. Meist hat er die gleichen Sorgen und Ängste wie du. Entscheide dich, zu deiner Partnerin/deinem Partner zu stehen, den ersten Schritt zu tun und wirklich zu geben, damit du wirklich empfangen kannst. Deine Seele will, dass du Nähe suchst, die Weite ermöglicht. Dein wertschätzendes Loslassen im Vertrauen, ohne den anderen besitznehmend an dich zu binden, gibt dir Zuversicht. Und wo Zuversicht ist, da gibt es kein Problem, das nicht gelöst werden könnte. Dann erlebt ihr den Gipfel alter und neuer Verbundenheit.

Deine Energie für deine LEBENSAUFGABE und dein wahrer Wert sind in dir angelegt und wollen sich mit deiner Fantasie und deiner Kreativität verwirklichen. Folge deinem Entwurf, der Aufgabe, die nur du in deiner Einzigartigkeit bewältigen kannst. Egal wie dein Berg heißt, versuch nicht, ihn mit Aktionismus anzugehen. Finde heraus, was seine Botschaft ist, nimm den Gipfel in den Blick – und dann lass los und vertraue auf den Weg. Lass vor allem deine Angst vor dem Erfolg los. Frage dich stattdessen, wem dein Erfolg dient. Erfolgreich wirst du in erster Linie dadurch, dass du Menschen erfolgreich machst. Und wenn du im Vertrauen sagst, dass du es schaffst, dann schaffst du es.

Versöhnt bist du mit deiner Mutlosigkeit, wenn du darauf vertraust, dass du beschenkt, getragen und geführt bist, und deiner Liebe erlaubst, eine neue Wirklichkeit zu schaffen.

Übungen zu Mutlosigkeit

Übe dich in stillem *GeWahrSein*.

- Geh in deine Angst vor den anstehenden Herausforderungen. Leugne sie nicht und decke sie nicht mit Aktionismus zu, sondern schau sie dir in Ruhe an.
- Erlaube dir die Hilflosigkeit, die aus deiner Angst entstand, als etwas, das bis gestern einen guten Sinn in deinem Leben hatte. Für was war sie gut? Was hat sie verhindert?
- Zeichne ein Gebirgspanorama, schreibe in die jeweiligen Berge, für was sie stehen, und schreibe darunter, was dir dabei Angst macht.
- Erstelle eine Liste all deiner Begabungen und Fähigkeiten und schreibe die jeweils erforderlichen unter die Ängste, mit denen du die verschiedenen Berge bewältigen wirst.

- Mache eine Liste mit allen Hilfsmöglichkeiten, die du in Anspruch nehmen kannst, und schreibe sie dazu.
- Ändere deinen gewohnten Sprachgebrauch von »Das macht mir Angst« zu »Ich fürchte mich ein wenig«.
- Visualisiere in stillem *GeWahrSein* die Gipfel vom Tal aus, spüre das Gefühl, das dich hinauftragen wird, schreibe über die Berge die erreichten Ziele und genieße das Gefühl, sie erreicht zu haben. Es hat mit Geben zu tun.
- Zeichne eine Hummel und erkenne, dass deren Flügel viel zu klein sind, um mit ihrem Körpergewicht fliegen zu können. Aber sie weiß es nicht und in tiefem Gottvertrauen tut sie das, was ihr Sinn ist: Sie fliegt los.
- Vertraue auf deine höhere Macht, sie handelt durch dich. Dann tue, was du zu tun hast. Beginne jetzt mit dem ersten kleinen Schritt.

Opferhaltung

Erdulden oder Ändern

»Du kannst nichts daran ändern«,

sagt Psychohygienicus. »Du bist ein Opfer der Umstände und der anderen Menschen. Es liegt nicht an dir. Da kannst du nichts machen, die Bedingungen sind schlecht: deine schwere Kindheit. Die Arbeitsmarktlage. Die Inflation. Dein Partner geht eigene Wege. Die Klimaerwärmung. Alles wird schlechter, die Belastungen werden größer. Immer wenn du kommst, geht die Bahnschranke runter. Und es regnet schon wieder. Du kannst nichts daran ändern.« Und dann erstarrst du in Groll und Hilflosigkeit, wie das Kaninchen vor der Schlange.

MANCHMAL hat Psychohygienicus recht: Manchmal sind die Umstände so, dass du an ihnen nichts ändern kannst. Es gibt Zeiten starker Belastungen. Zeiten von Abschied, Trennung und Verlust. Dinge, an denen du nichts ändern kannst. Dinge, für die du keine Verantwortung hast. Dann leugne und verdränge deine Gefühle nicht. Nimm dir Zeit für sie.

TATSÄCHLICH aber sind es nicht die äußeren Umstände, die dich zum Opfer machen. Das bist du. Wenn du denkst, dass du ein Opfer bist, wirst du eines sein. Du kriegst, was du willst. Du schaffst das Erleben deiner Wirklichkeit, niemand sonst. Es gibt Unglücke und Schicksalsschläge, die mit großem Leid verbunden sind. Aber ob du sie als Opfer erlebst, entscheidest du. Du kannst jeder Situation in deinem Leben unter allen Umständen einen Sinn abringen. Aber es gibt viele Erfahrungen und Probleme in deiner Lebensaufgabe und deinen Beziehungen, bei denen du nicht bedenken willst, wie groß dein Anteil daran ist. Dann steckt hinter deiner Opferhaltung meist Schuldzuweisung. Und Selbstmitleid. Und die Bitte um Aufmerksamkeit und Mitleid.

Weil du die Verantwortung nicht übernimmst. Du verantwortest, wie du die Umstände erlebst, proaktiv als Täter oder reaktiv als Opfer. Du bist für dein Leben, dein Glück, deine Zufriedenheit verantwortlich. Du kannst jedes Problem als Gelegenheit nutzen, um dein wahres Selbst zu finden, mit dem du andere Menschen in den Blick nimmst. An den meisten Situationen kannst du etwas ändern. Du hast grundsätzlich zwei Möglichkeiten für jedes Problem: Entweder du änderst die Situation – oder deine Einstellung dazu.

ERFÜLLUNG findest du, wenn du in stillem *GeWahrSein* deine Probleme als Gelegenheiten erkennst, die dich zu deiner Verantwortlichkeit führen, für andere Menschen da zu sein.

Wenn du in deiner LIEBESBEZIEHUNG glaubst ein Opfer zu sein, frag dich zunächst, was dein Beitrag an dem Problem war. Vielleicht hattest du dich längst vorher innerlich zurückgezogen und getrennt, bevor du verlassen wurdest. Erinnere dich, dass du deinen Partner gewählt hast. Du bist verantwortlich. Du kannst in Liebe loslassen. Du kannst neu entscheiden. Für die Liebe.

In deiner LEBENSAUFGABE wirst du dich dann gut fühlen, wenn du erkennst, dass Verantwortlichkeit kein Gefühl ist, sondern eine Haltung. Dass du Verursacher deines Erlebens und des Erlebens anderer bist. Ernste Probleme können heilsame Wendepunkte zur Sinnfindung sein oder zu deiner wahren Bestimmung. Du kannst deine Lebensaufgabe verantwortlich gestalten. Jedes Problem kann dich einen Schritt weiterbringen. Manchmal brauchst du Mut, um etwas zu ändern. Und manchmal brauchst du die Einstellung von Gelassenheit und das Vertrauen, dass du getragen und geführt bist. Und kannst es einfach geschehen lassen.

Versöhnt bist du mit deiner Opferhaltung, wenn du in der Fülle des Augenblicks für dein Leben und deine Verantwortlichkeit Verantwortung übernimmst, in der Haltung des Gebens.

Übungen zu Opferhaltung

Übe dich in stillem *GeWahrSein.*

- Notiere alle Situationen, die du als Belastung erlebst, und erlaube dir, den Schmerz, den du dabei empfindest, wirklich zu fühlen, ohne Bewertung und Urteil.
- Spüre auch den Groll, den du dabei hast, wenn du jemandem Schuld zuweist, dich selbst oder Gott anklagst. Bedenke, das Opfer-Groll Aggression ist.
- Nimm dir für jede belastete Situation einen Zettel und beschreibe sie ausführlich in allen Details.
- Besinne dich auf deine Fantasie, deine Kreativität und deinen Mut und markiere mit einem roten Textmarker alle Details, wo du an der Situation etwas hättest ändern

können. Denke dabei über gewohnte Denkschemata hinaus.

- Besinne dich auf deine heitere Gelassenheit, deine Dankbarkeit und dein Gottvertrauen und markiere mit einem grünen Textmarker die Details, denen gegenüber du deine Einstellung so änderst, dass du sie zufrieden hinnehmen kannst.
- Mache eine Liste von Situationen: Wo kannst du die Situation ändern und wo musst du deine Einstellung dazu ändern – und wann ist beides sinnvoll?
- Sammle alle Erinnerungen, besonders die aus deiner frühen Kindheit, bei denen du mit der Haltung »Jetzt erst recht!« dein Ziel erreicht hast.
- Definiere Menschlichkeit und Dienst am Wohl anderer im Vergleich zu Aufopferung.
- Meditiere »Freiheit durch Verantwortlichkeit«.

Pessimismus

Zweifeln oder Daranglauben

»Du musst damit rechnen, dass das schiefgeht«,

warnt Psychohygienicus. »Du sollst nicht unnötig Kräfte verschwenden und das geplante Projekt gar nicht erst beginnen, damit du nicht wieder versagst und dabei noch an vergangenes Scheitern erinnert wirst.« Oder er rät dir, diesen Kontakt besser nicht aufzunehmen oder jenen Versuch einer Beziehungsklärung lieber nicht zu riskieren. Er meint, dass du deinem gesunden Zweifel vertrauen und keine Energie in blauäugige Hoffnungen stecken sollst.

MANCHMAL hat Psychohygienicus recht. Tatsächlich gibt es Vorhaben mit schwierigen Voraussetzungen und Bedingungen, die du nicht gegen alle Widrigkeiten durchsetzen solltest, vor allem dann nicht, wenn du dabei Interessen oder Gefühle anderer übergehst. Es könnte sein, dass du nur dir oder der Welt etwas beweisen willst, um dein Selbstwertgefühl zu stärken. Das darf nicht dein Hauptmotiv sein.

TATSÄCHLICH ist der beste Weg zum Erfolg deines Vorhabens dein Vertrauen in das Erreichen des Zieles und die Gewissheit, auf dem Weg dahin nicht allein zu sein. Du solltest grundsätzlich gut auf deinen Beitrag vorbereitet sein, damit ein Kontakt oder ein Projekt gelingt. Wenn du vorwiegend auf die Risiken schaust, brauchst du dich nicht zu wundern, wenn sie dir ständig begegnen. Ein gesunder Zweifel ist kein Pessimismus. Der Optimist ist ein selbstwertstarker, heiterer Mensch. Er hat nicht weniger Probleme, aber er hat mehr Lösungen. Ihm gelingen Dinge, die anderen unmöglich scheinen. Deine Zuversicht schafft die Wirklichkeit, die den Erfolg bringt. Besinne dich auf deine Kraft, deine Begabungen und Kompetenzen und darauf, dass du von deiner höheren Macht geführt und begleitet bist. Der Himmel hilft dir zu erreichen, was du dir am stärksten wünschst. Wenn du daran glaubst, dann gelingt es.

ERFÜLLUNG findest du, wenn du dich in stiller Präsenz in deine innere Mitte tragen und dir das Vertrauen schenken lässt, deine wahre Bestimmung zu finden und zu leben und an das Gelingen zu glauben.

Wenn du an deiner BEZIEHUNG zweifelst, hat deine Unaufrichtigkeit die Verbindung unterbrochen. Deine Angst lässt dich darauf warten, dass der andere den ersten Schritt tut. Wenn du deine wahren Gefühle ehrlich ausdrückst und darauf verzichtest, dass alle deine Bedürfnisse befriedigt werden, wird deine Liebe, dein Geben und Glücklichmachen die Brücke zu deiner Partnerin sein. Das wird euch beiden frische Liebe und alte Verbundenheit geben und neues Vertrauen in die gemeinsame Zukunft.

Wenn du Zweifel hast, ob du deine LEBENSAUFGABE gefunden hast oder ob du sie befriedigend ausfüllst, könnte es sein, dass du dich vor der Last eines möglichen Erfolges drücken möchtest oder dass du noch in alten Mustern der Angst vor dem Versagen steckst. Versuche nicht, deinen Schweinehund mit positivem Denken zu überwinden. Schau dir die Angst an, vielleicht ist sie dein einfühlsamster Lehrer. Dann kannst du dir in der Stille das

Vertrauen schenken lassen, dass es einen Entwurf für dein Leben gibt. Wenn du die Menschen in den Blick nimmst, denen du mit deiner Aufgabe helfen kannst, wird diese Vision dir Selbstvertrauen geben, mit dem du alle Schwierigkeiten und Zweifel versöhnen kannst. Dann wirst du mit Zuversicht, Optimismus und Liebe zum Erfolg geführt.

Versöhnt bist du mit deinem Pessimismus, wenn dein Zweifel dich zur Besinnung auf das Wesentliche führt und du dich zum Vertrauen auf den Erfolg führen und begleiten lässt.

Übungen zu Pessimismus

Übe dich in stillem *GeWahrSein.*

- Spüre deine Ambivalenz zwischen Zweifeln und Daranglauben und vertraue diesem Gefühl der Unsicherheit. Sie will dich weiterbringen.
- Erstelle eine Liste der Erfahrungen, bei denen dich dein Zweifeln vor Fehlern bewahrt hat.
- Erstelle eine Liste der Erfahrungen, bei denen dich dein Optimismus und dein Glaube durch Krisen des Zweifelns getragen und zum Erfolg geführt haben.
- Teile ein Blatt Papier in der Mitte und schreibe links Situationen auf, bei denen die Zeit *ver*ronnen ist, und rechts Situationen, bei denen die Zeit *ge*ronnen ist.

Welche Erkenntnis gewinnst du aus dieser Liste und wie willst du diese für deine Zukunft fruchtbar machen?

- Notiere, in welchen Situationen du dich vor deiner Lebensaufgabe gedrückt hast und in welchen du deine wahre Bestimmung gelebt hast.
- Schau deine Hände an. Dann schließe die Augen und stelle dir vor, was du darin halten möchtest. Erlebe, wie du das Gewünschte körperlich spüren kannst.
- Schließ die Augen und spüre deinen innigsten Wunsch in Bezug auf die Liebe und auf deine Lebensaufgabe. Und erlebe, was das in dir bewirkt.
- Besinne dich auf die Gewissheit, dass du von Gott begleitet, geführt und getragen bist und dass sich die Liebe durch dein Geben erfüllt.
- Plane als ersten kleinen Schritt, heute jemanden glücklich und erfolgreich zu machen, dann wirst du glücklich und erfolgreich sein und Sinn in deinem Tun erfahren.

Rechthaberei

Besserwissen oder
Dialogsuchen

»Du hast doch ohnehin meist recht«,

will Psychohygienicus dir einreden. »Du darfst ruhig selbstbewusst dazu stehen, dass du es sowieso besser weißt. Du bist doch derjenige, der den Durchblick hat und alle Faktoren für die beste Lösung mühsam erarbeitet hat, in Selbstreflexion, Selbsterfahrung und Ansammlung von Wissen. Dann musst du dich auch durchsetzen; die anderen profitieren davon.«

MANCHMAL hat Psychohygienicus recht. Manchmal ist es gut, wenn du deine Meinung klar und deutlich einbringst. Und mitteilst, was du besser weißt. Damit ein Prozess sich weiterentwickeln kann. Und damit du mit deiner ganzen Persönlichkeit dabei bist, mit deinen Gedanken und Gefühlen.

TATSÄCHLICH aber ist Rechthabenwollen eine Kampfansage. Es ergibt nur Verlierer. Es ist die Grundlage alles Bösen: Krieg, Mord, Todesstrafe, Entwertung, Unterdrückung, Manipulation, Spaltung und Trennung. Es gibt keine Feinde. Du machst dir welche. Alle deine Urteile sind Standpunkte. Du bleibst stehen. Mit jedem Rechthaben setzt du einen anderen ins Unrecht. Das verstärkt nur dessen Rechthabenwollen. Damit bringst du Lieblosigkeit in die Welt. Bedenke, dass du mit Besserwissen nur deine eingebildete Minderwertigkeit kompensieren willst. Die anderen spüren dahinter deine Unsicherheit. Du kannst nicht alles überblicken. Du hast nur eine Wirklichkeit. Deine. Deine Überzeugung wird sich verändern, indem du von anderen lernst. Also unterbrich dein altes Muster. Das beendet jeglichen Streit. Setzt euch zusammen statt auseinander. Hör gut zu. Geh in wirklichen Dialog. Dann findet ihr eine neue, gemeinsame Wahrheit und könnt euer Leben so meistern, dass es gelingt.

ERFÜLLUNG findest du, wenn du in stillem *GeWahrSein* deinen wahren Wert, deine Liebe, deinen Frieden und deine Verbundenheit spürst und damit deine Bestimmung lebst.

Wenn du in deiner LIEBESBEZIEHUNG ein Rechthaber bist, ist eure Beziehung von deinen Manipulationen, Entwertungen, Überheblichkeiten, Dogmen und Spaltungen geprägt. Dann sei dankbar, dass deine Partnerin noch immer mit dir zusammen ist und dich erträgt. Wie sehr muss sie dich lieben. Oder brauchen. Rechthabenwollen ist das Gegenteil von Liebe. Es ist Bedürftigkeit. Du kannst nicht lieben, wenn du brauchst. Also entscheide dich: Willst du recht haben und besser wissen oder glücklich machen? Geh den Weg des Herzens. Betritt die Welt des Partners. Frag, wie es ihm geht. Dann lernst du ihn kennen. Und musst nicht mehr recht haben. Tief in deinem Herzen ist die Sehnsucht nach Einheit. Das ist die Liebe. Sie drängt danach, sich ausdrücken zu dürfen. Folge ihr. Dann lernst du, wie das Leben gelingt.

Auch in deiner LEBENSAUFGABE bist du dazu bestimmt zu verbinden, indem du gewaltfrei und wahrhaftig kommunizierst. Wenn du präsent bist mit dem, wie du wirklich bist, bist du ein Geschenk für andere. Den Geist eines anderen Menschen zu lieben, ihm recht zu geben und Anerkennung und Respekt für seine Überzeugung, verbindet. Dann hast du ein echtes Juwel – und bist ein Juwel, weil du echte Größe zeigst. Und andere arbeiten gern mit dir zusammen. Außerdem wird sich die Wahrheit auch ohne dein Besserwissen durchsetzen. Also entspann dich. Und genieße die Lust, dazuzulernen.

Versöhnt bist du mit deiner Rechthaberei, wenn du in deiner Mitte den Frieden und die Demut gefunden hast, die dir respektvolle und liebevolle Dialogfähigkeit ermöglichen.

Übungen zu Rechthaberei

Übe dich in stillem *GeWahrSein.*

- Erinnere dich an Situationen, in denen du recht haben wolltest, und wirf es dir nicht vor. Du brauchtest es, um dich besser zu fühlen. Wenn dir gerade keine einfällt, schau dir diesen Augenblick an, du versuchst gerade recht zu haben.
- Schreibe auf, in welchen Zusammenhängen deines Lebens du oder ein anderer Mensch im Unrecht sind. Was bewirkt das und wem dient das?
- Sammle Überzeugungen, bei denen du absolut sicher bist.
- Notiere auf einer Skala von 1–10, bei welchen Menschen du wie stark in die Kampfsprache des Rechthabens verfällst. Was machst du bei denen, bei denen

du das Rechthaben wenig brauchst, anders? Und was kannst du für die anderen daraus lernen?

- Bedenke, dass du mit jeder Vermeidung eines aufrichtigen und wahrhaften Dialogs neben der Spur zu deiner wahren Bestimmung bist. Beschreibe deine Bestimmung.
- Sammle in deiner Erinnerung Szenen echter Dialoge, spüre das Gefühl, das du dabei hast, und plane dieses Erleben für zukünftige Begegnungen.
- Ersetze das Wort »Auseinandersetzung« durch »Zusammensetzung«. Notiere von beidem die Ergebnisse.
- Besinne dich auf die Liebe in dir und auf deinen wahren Wert. Dann musst du andere Menschen nicht durch dein Rechthabenwollen und Besserwissen entwerten.
- Falls jemand auf deinen Grabstein schreiben wollte: »Er/sie hatte meistens recht«, was würdest du stattdessen lieber darauf geschrieben haben?

Resignation

Steckenbleiben oder
Weitergehen

»Du musst dich damit abfinden«,

will Psychohygienicus dir zureden. »Du musst dein Schicksal tapfer ertragen. Leben gibt es nur fragmentarisch und das Leid gehört dazu.« Wenn der Partner dich verlässt, du deinen Job verlierst oder ein Unfall oder eine Krankheit in dein Leben bricht, fühlst du dich ausgeliefert und resignierst. Wenn du dich dann wie in einer Sackgasse fühlst und womöglich deines Lebens müde wirst, empfiehlt Psychohygienicus dir aufzugeben, nicht weiter unnötig zu hoffen. Er zeigt dir die Tür am Ende des Ganges, die nach draußen führt, die aber nun verschlossen ist.

MANCHMAL hat Psychohygienicus recht. Es gibt Schicksalsschläge, die einen begonnenen Weg beenden, unsere Pläne zunichte machen und die großes Unglück bedeuten. Verlassenwerden kann unerträglich wehtun, Arbeitslosigkeit macht Angst, Versehrtheit kann in die Verzweiflung treiben. Dann musst du das Ende des geplanten Weges annehmen und dich ergeben, mit all der Angst, der Verzweiflung, der Wut, dem Schmerz und der Leere. Du darfst diese Gefühle nicht verhindern wollen, leugnen oder betäuben. Du sollst sie dir sogar zumuten, in den Schmerz hineingehen und ihn aushalten.

TATSÄCHLICH aber geht die Türe nach innen auf, tatsächlich kannst du in dieser Verzweiflung einen Sinn entdecken und neue Lebensmöglichkeit finden. Da dein Leben einen Sinn hat, hat auch das Leid, das zu deinem Leben gehört, einen Sinn. Versuche, diese gefühlte Ausweglosigkeit als Aufforderung zu verstehen: Welchen Sinn hat diese schmerzhaft veränderte Situation für dich? Bringe die Kraft und den Mut auf, nach dem besonderen Sinn deiner Resignation zu suchen. Höre achtsam und still in dich und deinen Schmerz hinein und verbinde dich mit Gott oder deinem höheren Bewusstsein in dem Vertrauen, dass du in dieser Zeit leidvollen Akzeptierens deinem Schicksal trotz allem und unter allen Umständen einen Sinn abringen kannst. Und dass du trotz allem Ja sagen kannst zu deinem Leben.

ERFÜLLUNG trotz deines Leids, in deinem Leid und Schmerz findest du, wenn du dich in stilles *GeWahrSein* begibst, um den Sinn deiner Resignation zu erkennen.

Wenn du einen *GELIEBTEN MENSCHEN* verloren hast, durch Trennung oder Tod, wird dieser akute Verlustschmerz noch einmal alle alten Verlustschmerzen aufsteigen lassen – um sie auszuheilen. Dann bringt dir der Schmerz deine ganze Bedürftigkeit ins Bewusstsein. Das ist der Punkt, an dem du Nähe herstellen kannst, im Geben und im Nehmen. Wenn du gerade jetzt für andere da bist, wirst du erleben, dass dein Leben zählt. Weil du in der Liebe bist, die deine Bestimmung ist.

Dein Widerstand gegen das Sichabfinden in deine *LEBENSAUFGABE* ist die Wende zu einem heilsamen Sichfügen. Du stellst fest, dass du diesen Schmerz hast, nicht der Schmerz bist. Du wendest den Blick von dir weg, zu Gott und anderen Menschen hin. Gott, der das Leben ist, wird dir Kraft und Mut geben, deine Liebe zum Leben wieder anzusehen und anzunehmen. Trotz allem. Du musst nicht alles allein bewältigen. Du kannst ihm dein Schicksal anbefehlen, aufstehen und mit ihm weitergehen. In heilsamer Resignation. Dann findest du deinen Grund, auf dieser Welt zu sein. Mit deiner einzigartigen Gabe. Vielleicht wirst du Menschen helfen, die das gleiche Schicksal haben und auf deine Hilfe angewiesen sind. Und sie anstecken mit deiner heilsamen Resignation.

Versöhnt bist du mit deiner Resignation, wenn du ihren Sinn und ihre Heilsamkeit annimmst und weitergehst, um dich einem Menschen oder einer Aufgabe zu widmen.

Übungen zu Resignation

Übe dich in stillem *GeWahrSein*.

- Erlaube dir die furchtbaren Gefühle von Verlust, Verlassensein oder Einsamkeit und ertrage tapfer den fast unerträglichen Schmerz der Verzweiflung, den niemand wirklich nachempfinden und entlasten kann.
- Nimm jetzt deinen ganzen verbliebenen Mut zusammen und öffne dein Herz deinem Glauben, der nun vielleicht erschüttert oder von deinen Ängsten und Zweifeln zugedeckt ist.
- Sei einfach nur still und halte aus. Du musst dich nicht zwingen zu glauben. Gott hilft dir ohne dein Vertrauen. Du kannst nicht tiefer fallen als in seine Hand.
- Nimm Menschen in den Blick, die großes Leid erlebt haben, und frage dich, wie sie es bewältigt haben. Rufe einen dieser Menschen an und frage ihn danach.

- Geh mit deinem Tagebuch nach draußen in die Natur und frage dich, welche Aufgabe das Leben dir mit diesem Schicksalsschlag gegeben hat, was der Sinn deines Leides ist.
- Erinnere dich an all deine Krisen und an die Kraft, mit der du sie bewältigt hast. Bedenke, dass nicht alle Menschen die Kraft haben, die Bürde zu tragen, die du gerade trägst.
- Nimm deine Bestimmung in den Blick. Den Sinn deines Schmerzes. Er lehrt dich zu lieben. Im Geben gibt es keinen Schmerz.
- Frage dich, wer der eine Mensch ist, der jetzt gerade just auf deine Hilfe angewiesen ist, vielleicht, weil er noch mehr leidet als du.
- Gehe jetzt gleich auf diesen Menschen zu. Dann ist deine Resignation eine heilsame Resignation, für beide.

Selbstentwertung

Minderwertigkeit oder Selbstbewusstsein

»Du kannst das doch nicht besser«,

flüstert Psychohygienicus dir immer wieder ins Ohr, und du kennst diesen Satz von frühester Kindheit an. »Du müsstest das besser, schneller, sicherer, mutiger, fehlerloser, einfühlsamer und liebevoller können. Vergleiche dich doch mal. Die anderen sind intelligenter, talentierter, schöner, netter, fleißiger und besser!«

MANCHMAL hat Psychohygienicus recht; manchmal sind andere besser. Es gibt Dinge, die du nicht oder noch nicht so gut kannst; bei manchem kannst du dazulernen und deine Grenzen erweitern, bei anderem musst du deine Grenzen akzeptieren und dich mit ihnen versöhnen. Wenn du Tennisspielen lernen willst, musst du deine erste Stunde ja nicht unbedingt bei Agassi nehmen.

TATSÄCHLICH aber findest du in dir, wenn du tief in dich hineinhörst, genügend Selbstwertgefühl, weißt du, dass du vollkommen in Ordnung bist, genau so, wie du bist. Hör damit auf, dein Gefühl von Minderwertigkeit deinen Eltern, Erziehern, Lehrern oder Chefs vorzuwerfen. Niemand interessiert sich für deine Opferstory! Es ist dein Gefühl. Du machst es. Lass die anderen nicht dein Leben bestimmen. Vielleicht benutzt du dieses Empfinden, um dich vor der Verpflichtung zu deiner Lebensaufgabe zu drücken, weil du dir einbildest, sie nicht bewältigen zu können. Und dabei stellst du immer wieder deine unzweifelhaft vorhandenen Talente, Fähigkeiten und Vorzüge unter den Scheffel! Mach dir bewusst, wer und was du bist und hast. Du hast absolut einzigartige Begabungen, die dich von allen anderen Menschen auf dieser Welt unterscheiden. Die zu finden und auszudrücken ist deine Aufgabe. Realisiere deine spezielle Aufgabe, an der Stelle, an der du gerade bist. Du kannst dir und dem Himmel vertrauen, das weißt du. Und denk nicht, dass du es perfekt machen musst. Du bist in Ordnung, so, wie du bist. Und geführt. Erinnere dich zu werden, der du bist.

ERFÜLLUNG findest du, wenn du in stiller Entdeckung deiner innigsten Wünsche die dir von Gott gegebenen Werte erkennst, um dein wahres Wesen zu verwirklichen.

Wenn du dich für die LIEBE nicht gut genug fühlst, hat das vielleicht mit uralten Erfahrungen zu tun, die du oder jemand anderes falsch bewertet haben. Dein wahres Selbst steckt hinter dieser Angst vor Kränkung, dein liebenswertes, liebevolles Du-Selbst. Es sind deine Gedanken und Bewertungen, die dich sich minderwertig fühlen lassen. Du hast Fehler gemacht und andere auch. Was du dazu denkst und fühlst, entscheidest du. Vielleicht kannst du mal dein kleines inneres Kind in den Arm nehmen und es mit all deinem Mitgefühl, deiner Güte und Liebe trösten und streicheln und ihm sagen, dass es so, wie es ist, unvergleichlich wertvoll und liebenswert ist. Dann wird man deine Liebenswürdigkeit kilometerweit spüren. Und dann bist du unwiderstehlich.

Wenn du deine Bestimmung gefunden hast und lebst, weißt du, dass du deine LEBENSAUFGABEN gut machst, ohne perfekt sein zu wollen oder zu müssen. Du kannst deinen Schutzpanzer ablegen, mit dem du dich vor Kritik, Fehlern oder Versagen schützen wolltest. Du brauchst dich nicht mehr zu verstecken. Du kannst deine Sache gut machen und dich dafür anerkennen und Verantwortung übernehmen für dein Selbstwertgefühl. Und du bist begleitet von himmlischen Kräften und musst nicht mehr alles alleine hinkriegen, weil der Himmel es durch dich tut.

Versöhnt bist du mit deiner Selbstentwertung, wenn du weißt, wer und was du wirklich bist, und wenn du Verbindung hast zu einem demütigen, starken, selbstbewussten und dankbaren Selbstwertgefühl.

Übungen zu Selbstentwertung

Übe dich in stillem *GeWahrSein*.

- Notiere Situationen, in denen du unzufrieden warst. In welchen davon hast du dich so gefühlt, als wärest du nicht gut genug, und in welchen warst du tatsächlich nicht gut genug?
- Beobachte für eine Weile konzentriert deine Gedanken und nimm wahr, dass deine Gedanken Gefühle auslösen und dein Erleben bewirken. Es sind nur Gefühle.
- Spüre irgendeines deiner Gefühle in ganzer Konzentration. Danach spüre die Gefühle Zufriedenheit und Selbstvertrauen. Erkenne jetzt, dass du Verantwortung hast für das Erleben deines Lebens.

- Gehe in die Natur und finde und betrachte etwas, bei dem sich Perfektion und Wildwuchs geheimnisvoll verbinden. Mache dir dazu Notizen. Es ist ein Prinzip der Natur und deines Lebens.
- Notiere Leistungen aus deiner Vergangenheit, die dich weitergebracht haben, obwohl du dich dafür nicht gut genug fühltest.
- Erstelle eine Liste von Szenen in deinem Leben, in denen du starkes Selbstvertrauen hattest. Welche Einstellungen und Verhaltensweisen davon kannst du mitnehmen in deine Zukunft?
- Plane ein Vorhaben so, dass du potenzielle Selbstentwertung und Selbstvorwürfe ausschließt.
- Nimm deinen Partner und deine Lebensaufgabe in den Blick und notiere deine jeweils fünf besten Fähigkeiten. Welche davon kannst du wie und durch was stärken? Spüre das Gefühl (nachdem die Stärkung erfolgt ist) und beschreibe die Wirkung.
- Spüre Dankbarkeit dafür, dass dein Leben für andere Menschen bedeutsam ist. Erstelle eine Liste dieser Menschen.

Selbstmitleid

*Liegenbbleiben oder
Aufstehen*

»Du kannst dich ruhig mal zumachen«,

sagt Psychohygienicus. »Du bist zu schwach, um durchzuhalten. Es hat doch keinen Sinn. Die Anforderungen sind zu hoch. Bleib bloß nicht in diesen schlechten Gefühlen stecken, sonst brennst du aus.« Dann versucht er, dich immer wieder zu irgendwelchen Kicks zu verleiten, die ein positives Prickeln in deinen Alltag bringen sollen. Du sollst einfach liegen bleiben und genießen, was du noch genießen kannst.

MANCHMAL hat Psychohygienicus recht. Manchmal tut Ablenkung wirklich gut, und du könntest mal die Tür zumachen vor allen Lasten, Anstrengungen und Anforderungen. Gute Aktivitäten und Erlebnisse in deinen Alltag einbauen, um Kraft zu tanken, besser für dich zu sorgen und die Seele baumeln zu lassen. Weil du alles nicht mehr erträgst.

TATSÄCHLICH aber ist der einzige Weg zum Aufrechtstehen, dass du die Belastung akzeptierst und dich wieder hinstellst. Nur so kannst du deinen Jammer und dein Elend stoppen und das abgründige Selbstmitleid. Denn wenn du erkennst, dass du Partner, Sexualität, Freunde, Applaus, Fernseher, Computer, Alkohol, Drogen und anderes immer mehr einsetzt, um deine Gefühlslage zu verbessern, dann ist es wahrscheinlich so, dass du Missbrauch betreibst und in eine Abhängigkeit gerätst. Dann versuchst du, außen zu finden, was in Wahrheit in dir ist. Das wird dir nie genügen. Du wirst es steigern müssen. Vielleicht versuchst du mit solchen Kicks eine Leere zu füllen oder eine Sehn-Sucht zu stillen. Versöhne dich mit dir und all deinen Gefühlen. Abgefüllt drückst du dich vor Verantwortung und verlierst die Balance, aber wenn du die Botschaft in deinem Schmerz und in deiner Leere suchst, findest du sie wieder.

Dann stelle dich all deinen Fragen, Gedanken und Gefühlen. Wenn du den Missbrauch nicht mehr leugnest und ihn als Sucht erkennst, sei froh. Dann ist die Sucht deine beste Lehrerin und Freundin. Sie bringt dich zur Sinnfrage. Dann kannst du aufhören, dich um dich selbst zu drehen, kannst entscheiden, dass du nicht mehr kämpfen willst, kannst kapitulieren, Hilfe suchen, endlich wieder andere Menschen in den Blick nehmen und dich dem Tag stellen, mit all seinen Aufgaben, zu denen das Leben dich einlädt.

ERFÜLLUNG findest du, wenn du in stillem *GeWahrSein* deinen Schmerz erträgst, der dich zu deiner Bestimmung führt: dich und andere Menschen glücklich zu machen.

Nimm deinen PARTNER wahr, der dir anvertraut ist, ihn zu lieben. Wenn du dich zurückgewiesen oder verlassen fühlst, bleib nicht in deinem Selbstmitleid, sondern spüre deinen Schmerz, um den Schmerz deines Partners zu erkennen und zu sehen, dass er dich jetzt besonders braucht. Vielleicht, indem du ihn in Liebe loslässt. Dein Mitgefühl wird dir die Liebe zu dir selbst wiedergeben und dich wieder aufstehen und in Verbindung gehen lassen.

Selbstmitleid, Rückzug und Sucht verstecken die Gaben, mit denen du deine LEBENSAUFGABE und deine Führungsverantwortung bewältigen kannst. Deinen wahren Sinn zu realisieren bedeutet, aus deinen Tragödien Triumphe zu machen. Deine Arbeit in den Dienst von Menschen zu stellen. Zu einem Werkzeug des Friedens zu werden. Gelassen hinzunehmen, was du nicht ändern kannst, und mutig zu verändern, was du ändern kannst. Ja zu sagen zu dem, wozu du da bist. Und aufstehen. Trotz allem.

Versöhnt bist du mit deinem Selbstmitleid, wenn du dir von dir selbst nicht alles gefallen lässt und wenn du in deinen Gefühlen bleibst, bis sie sich einem anderen Menschen zuwenden.

Übungen zu Selbstmitleid

Übe dich in stillem *GeWahrSein*.

- Manchmal steckst du in Gefühlen, die du am liebsten loswerden, aufhellen oder betäuben möchtest. Es gibt aber nur einen Weg aus diesen Gefühlen heraus: Du musst durch sie hindurch.
- Erinnere dich an den Kater, der auf sämtliche kurzfristigen Befriedigungen folgt, und notiere in dein Tagebuch, welche Sehnsucht dahintersteckt.
- Erstelle eine Tabelle, in der du links all die Situationen beschreibst, in denen du Anstrengungsvermeidung, Entlastung und Gefühlsaufhellung suchst, und rechts all die Situationen, in denen du es wichtig findest, etwas auch ohne Lust, Spaß und Hochgefühl zu tun.

- Wenn du ein süchtiges Verlangen spürst, geh in stilles *GeWahrSein* und bleib dort, bis es vorbei ist. Es geht vorbei.
- Erinnere dich an Momente, in denen du einer Sucht nachgegeben hast, und prüfe, wem oder was du noch Macht über dein Leben gibst.
- Erstelle eine Liste all der Situationen, in denen du Verantwortung hast für deine freie Entscheidung.
- Wann in deinem Leben hast du Kapitulationen nicht als Niederlage, sondern als Befreiung erlebt?
- Notiere, wem du wie und womit fehlen würdest, wenn du heute liegen bliebest. Daraus ergibt sich, wem du dich wie und womit heute zuwenden kannst. Das gibt dem Leben des anderen Bedeutung. Und deinem. Dann dreht sich nicht mehr alles um dich und dein Selbstmitleid.
- Du kannst jetzt aufstehen und losgehen. Trotz allem.

Selbstverachtung

Schuldempfinden oder Weiterkommen

»Du hast das wieder falsch gemacht«,

sagt Psychohygienicus. »Du hast nicht zugehört. Hast dich nicht ein-
gefühlt. Warst zu faul. Hast dir nicht genug Zeit genommen. Hast nicht
genug geliebt. Du hast zu viele Fehler gemacht. Nun bist du geschei-
tert. Hast versagt. Bist unwürdig.« – Dann machst du dir Vorwürfe und
ziehst dich zurück. Du fühlst dich wie gelähmt in der Ecke stehend.
Weil du dich schuldig fühlst.

MANCHMAL hat Psychohygienicus recht. Du bist schuldig
geworden, weil du etwas schuldig geblieben bist. Wenn
du mit all deinen Schweinehunden Angst, Aufschieben,
Resignation, Selbstmitleid, Rechthaberei usw. unterwegs
bist – höre auf die Botschaft darin und sei froh, dass dein
Freund Psychohygienicus dich darauf hinweist. Nimm
diese Gefühle an und versöhne dich damit, ohne dich
schuldig zu fühlen. Du hast deine Aufgabe nicht hinreichend bewältigt und du hast nicht hinreichend geliebt.
Menschen können gar nicht ohne Schuld und Fehler denken, fühlen und handeln. Du bist ein Mensch. Vieles in dir
ist ganz menschlich und vieles ist noch nicht wahrhaft
menschlich.

TATSÄCHLICH aber kannst du nur weiterkommen, wenn du
erkennst, dass dein Schuldgefühl dir im Weg ist und die
notwendige Veränderung aufschiebt. Du klebst mit deinem Schuldgefühl in der Vergangenheit und benutzt es,
um es gegen dich, gegen andere Menschen und gegen
Gott zu richten, alle zu verurteilen und Bestrafung zu for-
dern. Dein Selbstmitleid ist Egoismus. Akzeptiere, dass
du in diesem Moment nicht besser handeln konntest.

Übernimm die Verantwortung, erkenne den Fehler als Lektion an und lerne daraus, es besser zu machen. Wenn du dich schuldig fühlst, wirst du es wieder tun. Wenn du dich verantwortlich fühlst, wirst du es besser machen. Und wenn du jemanden verletzt hast, stehe dazu, dass du einen Fehler gemacht hast, bitte aufrichtig um Verzeihung und mach dein falsches Handeln wieder gut.

ERFÜLLUNG findest du, wenn du im stillen *GeWahrSein* den Glauben an Vergebung findest, dein wahres Selbst als unschuldig erkennst und aus deinen Fehlern neue Möglichkeiten werden lässt.

Wenn du dich in deiner LIEBESBEZIEHUNG schuldig fühlst, bist du im trennenden Rückzug und nicht in der Liebe. Dann steckst du fest, weil du deinen Partner, der deine Hilfe braucht, aus dem Blick verloren hast. Wenn du weglaufen kannst, kannst du auch zurückgehen und wahrhaftig werden. Also sei verantwortlich, dann bist du auch wieder in Verbindung mit dir.

Deine wahre Bestimmung ist Verantwortlichkeit in deiner LEBENSAUFGABE und in deinen Beziehungen. Mit Schuldgefühlen drückst du dich vor der Verantwortung und dem nächsten Schritt – fast könnte man sagen, du steckst in der Arroganz des Rechthabens. Damit trennst du dich von Gott und den Menschen und bleibst vor allem dir selbst schuldig, deinen Beitrag für andere zu leisten. Du bist dazu bestimmt, sinnvoll zu handeln und einen letztgültigen Sinn zu erfüllen. Aber es wird immer eine Differenz geben zwischen dem, was du tun sollst und willst, und dem, was du tatsächlich tust. Diese Schuld ist im Glauben aufgehoben und versöhnt. Der Glaube ermutigt dich, Verantwortung für deine Fehler zu übernehmen, immer wieder optimistisch – ohne Resignation und Perfektionismus – neu zu beginnen, das Gelingen zu planen. Und zu vertrauen, dass die Liebe sich durchsetzt.

Versöhnt bist du mit deiner Selbstverachtung, wenn du im Glauben Vergebung erlebst, dir gütig selbst vergibst und verantwortlich lebst.

Übungen zu Selbstverachtung

Übe dich in stillem *GeWahrSein*.

- Erlebe und spüre, wie du dir oder anderen etwas schuldig geblieben bist, spüre, wie die Schuld sich anfühlt, und stelle dich dem Schmerz.
- Erstelle eine Tabelle mit drei Spalten waagrecht und drei Spalten senkrecht und notiere: Wann bist du dir etwas schuldig geblieben, wann einem anderen Menschen, wann der Welt? Schreibe daneben: Wann wirst du mehr auf dich achten, wann andere Menschen achtsamer wahrnehmen, wann deine Verantwortung für die Welt annehmen und realisieren?
- Lass dich von Gott in deine Mitte tragen und bitte um Vergebung für die Momente, in denen du etwas

schuldig geblieben bist. Wenn du kannst, mach es wieder gut.

- Vergib dir selbst Schuldgefühle für Fehler. Übernimm die Verantwortung und mach es besser.
- Notiere alle Situationen deines Lebens, die du als problematisch verstehst, und schreibe dazu: Mein Anteil daran. Die Chance darin. Mein Lernen daraus. Mein neues Handeln. Der Gewinn für mich und andere.
- Finde deinen heiligen Ort der Stille, an dem du die Erfahrung des tiefen Friedens deiner Erlösung und Unschuld erleben kannst, und suche diesen Ort regelmäßig auf.
- Konzentriere dich in stillem *GeWahrSein* auf den Frieden in dir und erlaube diesem Frieden, alles Trennende in deinem Leben in Verbundenheit und Liebe zu verwandeln.
- Definiere Verantwortung für Verantwortlichkeit.
- Schau mit deinem Herz, dann siehst du, wer dich jetzt gerade braucht.

Sicherheitsdenken

Bewahren oder Verändern

»Du solltest Risiken vermeiden«,

empfiehlt Psychohygienicus dir sicherheitshalber. Er liebt keine Veränderungen, und so wird er dir immer raten, da zu bleiben, wo du bist, dich abzusichern, deine Meinungen beizubehalten und die ausgetretenen Wege zu gehen. Derselbe Job, dieselbe Wohnung, dieselben Beziehungen, dieselben Ansichten. Auch wenn du dich nach Veränderung sehnst – Psychohygienicus wird dir immer wieder empfehlen, jedes Risiko zu meiden und das zu bewahren, was sich bewährt hat.

MANCHMAL hat Psychohygienicus recht. Sei, wie du bist. Es ist nicht ratsam, unentwegt und hysterisch nach Veränderung zu streben. In deiner Verantwortlichkeit für dich und andere braucht dein Leben Konstanten, Anbindungen, Sicherheiten, Verlässlichkeiten, Ruhepole und Geborgenheiten.

TATSÄCHLICH aber veränderst du die Welt in jedem Fall mit dem, was du tust oder lässt, bewahrst oder veränderst. Lebst du ein Leben, in dem Veränderung und Wandel tabu sind, in dem du keine Neugierde entwickelst für andere Menschen, Kulturen und Haltungen, dann wirst du bald das Gefühl haben, im Gefängnis deines Alltags zu ersticken. Du wirst deine Sicherheiten als Last oder Zwanghaftigkeiten erleben. Also bedenke, dass du erntest, was du säst. Lass los und vertraue dem Wandel, dann kommst du einen Schritt weiter auf dem Weg zu deiner Sehnsucht und Bestimmung. Sicherheit um jeden Preis lähmt. Sie ist eine Illusion. Das Leben geht weiter, du kannst niemals in den gleichen Fluss steigen. Gönn dir täglich ein Risiko, ein wenig Angst bringt dich nicht um!

Gelingendes Leben heißt auch Veränderung, andauerndes Wachsen und Entwickeln. Du hast genügend Kräfte, Fähigkeiten, Möglichkeiten und Selbstheilungskräfte in dir, um immer wieder Veränderungen zu wagen und als Bereicherungen zu erleben. Wenn du unzufrieden bist, dann wage etwas Neues. Die schönsten Blumen findest du nicht auf dem Weg. Also vertraue deiner Schöpferkraft und wage etwas Neues.

ERFÜLLUNG findest du, wenn du dich in stillem *GeWahrSein* in die Freiheit der Unsicherheit begibst, wo du im Hören auf dein höheres Selbst das Geheimnis deiner Bestimmung findest.

Auch in der LIEBE ist das einzig Sichere vermutlich die Unsicherheit. Die Liebe ist frei, kommt und geht. Festhalten ist die Form des Bewahrens, die die Liebe vertreibt. Gewissheit kannst du finden, wenn du deiner Partnerin Gewissheit schenkst, indem du dich schenkst. Du musst darauf verzichten, sie verändern zu wollen. Aber du kannst sie verändern, indem du sagst: Du bist wunderbar. Du kannst dich dafür öffnen, dass sich eure Seelen berühren, nicht nur Geist und Körper. Wenn du nach eurer körperlichen Verbundenheit müde bist, warst du bei dir. Wenn du hellwach deine Partnerin oder deinen Partner spürst, schwingt eure Vereinigung nach. Das könnte etwas Neues sein, das sich zu wagen lohnt.

Wenn du in deiner LEBENSAUFGABE dein Bewahrenwollen an der Wahrheit überprüfst, wird sich das Unwesentliche verändern und erneuern. Du musst nicht darum bitten, den Willen Gottes tun zu können, es wird geschehen. Denn der Wille Gottes ist höher als unsere Vernunft. Und dann wird das Veränderte bewahrenswert. Dann kannst du die Entscheidung zwischen Bewahren und Verändern loslassen. Loslassen ist Liebe. So wirst du mit dieser Wahrheit Menschen froh machen und dabei froh sein.

Versöhnt mit deinem Sicherheitsdenken bist du, wenn Bewahren und Verändern so in der Balance sind, dass du damit rechnest, dass dein wahres Sein die Welt verändert.

Übungen zu Sicherheitsdenken

Übe dich in stillem *GeWahrSein*.

- Spüre dein Bedürfnis nach Sicherheit. Du hast ein Recht darauf. Das ist eine urmenschliche Sehnsucht. Und spüre dein Bedürfnis nach Veränderung. Es ist das, was dich lebendig sein und fühlen lässt.
- Teile ein Blatt in der Mitte und schreibe links »Bewahren« und rechts »Verändern«. Zeichne drei Spalten, eine für das, was war, eine für das, was ist, und eine für das, was sein soll. Dann trage Situationen ein, Aufgaben, Überzeugungen, Beziehungen, Rituale, Gewohnheiten, Besitztümer, Gefühle und Gedanken. Was von alldem ist sinnvoll und lebensfreundlich? Wem oder wozu dient es? Sind links und rechts in der Balance?

- Bedenke, dass du deine Wirklichkeit und das Erleben deines Lebens eigenverantwortlich gestalten kannst, und spüre das Gefühl dieser Freiheit.
- Schreibe eine Liste mit Situationen, bei denen selbst gewählte Treue dich mit tiefer Befriedigung erfüllt hat. Erlebe jetzt dieses Gefühl.
- Erstelle eine Liste mit all den Risiken, von denen du ab jetzt täglich eines wagen möchtest.
- Definiere Wahrheit in Verbindung mit deiner Lebensaufgabe.
- Definiere Wahrheit in Verbindung mit deiner Liebesbeziehung.
- Beschreibe den Gewinn, den andere Menschen davon haben werden, wenn du Bewahren und Verändern in die Balance gebracht hast.
- Triff jetzt eine Wahl aus stillem *GeWahrSein*.

Undankbarkeit

Erwarten oder Dankbarsein

»Du kannst es einfach nehmen«,

sagt Psychohygienicus. Und er meint damit all das, was du hast oder bist. »Du bist gesund, geliebt und in Freiheit. Du hast ein Dach über dem Kopf, eine Ausbildung, Begabungen, Fähigkeiten, Essen, Trinken und Geld. Das ist ja wohl selbstverständlich. Es steht dir zu. Das hast du dir redlich verdient. Du kannst alles einfach nehmen.«

MANCHMAL hat Psychohygienicus recht. Dann nämlich, wenn es dir schwerfällt, dich und dein Leben mit seinem ganzen Reichtum und all seinen Geschenken wirklich anzunehmen. Wenn du zu den Menschen gehörst, die sehr viel geben, dann übe dich in der Bereitschaft zu empfangen, damit Nehmen und Geben in der Balance sind. Und dann wirst du auch dankbar sein für deine Fähigkeit und Bereitschaft zu geben.

TATSÄCHLICH aber ist nichts von dem, was du hast oder bist, selbstverständlich. Du kannst es nicht erwarten. Du hast kein Recht darauf. Wenn du dich umschaust und all das Leid siehst, Not, Armut, Krankheit, Angst und Einsamkeit, kannst du nicht glauben, du könntest irgendetwas erwarten und einfordern, oder glauben, du hättest dir irgendetwas durch Leistung oder Kompetenz verdient. Alles könnte anders sein. Und du könntest morgen alles verloren haben. Undankbarkeit ist die Haltung, die deine Sinne zerstört. Sie macht dich blind, taub, stumm und kalt. Dein Erwarten lässt dich all die Geschenke einfach nehmen, ohne sie wirklich zu empfangen. Dann bist du wie das Kind, das ein Mitbringsel gierig aufreißt, ohne zu sehen, wer es mitgebracht hat. Alles, was du hast oder bist, auch all deine inneren und äußeren Werte sind geschenkt. Dein Leben ist dir geschenkt. Wenn Dankbarkeit deine Grundhaltung ist, bist du mit allen Schweinehunden versöhnt. Und dann wirst du alles, was du hast oder bist, teilen und weitergeben wollen, damit deine Geschenke Geschenke bleiben.

ERFÜLLUNG findest du, wenn du in stillem *GeWahrSein* Dankbarkeit in dir findest und all deine Geschenke so empfangen kannst, dass du sie weitergeben möchtest.

Wenn du eine LIEBESBEZIEHUNG erleben darfst, ist jeder Augenblick ein wunderbares Geschenk, für das du dankbar sein kannst. Wenn du das Geschenk der Liebe dankbar empfängst, wirst du es weitergeben wollen. Und wenn du es nicht erwartest, kommt es hundertfach zurück. Sei behutsam und achtsam mit den unzähligen kleinen und großen Segnungen der Liebe. Dann kann sie dich zutiefst erschüttern. Wenn dein Ego und dein Verstand dahinschmelzen dürfen, wirst du einen Frieden erleben, als säßest du im Herzen Gottes. Dann wirst du voller Dankbarkeit diesen Reichtum annehmen, der dich unabhängig macht von all deinem Haben und Sein, und wirst ständig mit weiterem Beschenktwerden rechnen.

Wenn du deine LEBENSAUFGABE leben kannst, bist du wunderbar beschenkt. Auch dann, wenn du erst auf dem Weg zu deiner Bestimmung bist. Das Leben, das dir gegeben ist, ist dir auch aufgegeben. Beschenktsein empfinden dürfen, schenkt dir Erfülltsein im Gebenkönnen. Dankbarkeit für deine Aufgaben schenkt dir Verbundenheit mit Gott und den Menschen. Sie überwindet alle Ängste, Sorgen, Probleme und Trennungen. Dadurch kannst du auch alle Sorgen als Gelegenheiten und Lektionen und als Geschenk des Himmels dankbar annehmen.

Versöhnt bist du mit deiner Undankbarkeit, wenn du nichts erwartest und jeden Augenblick deines Lebens hellwach und präsent und dankbar erlebst und in Liebe geschehen lässt.

Übungen zu Undankbarkeit

Übe dich in stillem *GeWahrSein.*

- Gestehe dir zu, dass du nicht immer dankbar sein kannst, und versöhne dich damit. Anhaltende Dankbarkeit ist eine Form der Erleuchtung, die wohl kein Mensch hat.
- Zeichne zwei Hände (dankbar für deine begrenzten oder guten künstlerischen Kompetenzen), eine, die nach oben geöffnet ist, und eine, die nach unten geöffnet ist, und schreibe darunter, was dir dazu einfällt.
- Gehe an einen stillen Ort, fühle deinen Puls, spüre deinen Atem und nimm wahr: Das Leben atmet dich.
- Erstelle eine Liste all der Momente in deinem Leben, in denen du etwas oder dich selbst wirklich gegeben hast, und fühle das Gefühl, das der Empfänger deiner Geschenke hatte.

- Wenn du dich schlecht fühlst, schreibe jetzt 50 »Dinge« auf, für die du dankbar bist. Nimm wahr, was du erlebst.
- Wenn es dir guttut, installiere das als festes Ritual in dein Leben.
- Wenn du ein religiöser Mensch bist und betest, lass das Bitten weg. Erwarte nichts. Es ist gesorgt für dich.
- Wenn du Anerkennung, Lob, Verwöhnung, Berührung, Reichtum und Liebe brauchst, verschenke all das.
- Schreib eine Dank-Mail, nimm ein Mitbringsel mit, geh an die frische Luft, beweg dich, gieß deine Blumen, schau in den Kühlschrank, mach einen Krankenbesuch, kauf zwei Theaterkarten, betrachte die Sterne, ruf deine Eltern an, feiere ein Fest, freu dich über deinen Wecker und schau in Kinderaugen, da lächelt dir Gott entgegen.

Unentschlossenheit

Hinausschieben oder Entscheiden

»Du entscheidest dich besser noch nicht«,

mahnt Psychohygienicus. »Es reicht doch, später aufzustehen, morgen aufzuhören, nächste Woche zu beginnen. Lieber abwarten und abwägen. Es reifen lassen. Du solltest erst entscheiden, wenn du sicher bist, dass die Bedingungen gut sind. Statt vielleicht die falsche Wahl zu treffen, die du später bereuen könntest. Also schieb es noch hinaus und entscheide dich besser noch nicht.«

MANCHMAL hat Psychohygienicus recht. Es gibt Entscheidungen, die du tatsächlich nicht sofort treffen kannst, bei denen es richtig ist, die unterschiedlichen Faktoren in Ruhe abzuwägen und zu bedenken. Du hast ja bereits genug Erfahrung mit falschen Entscheidungen, aus denen du lernen wolltest. Also schieb es lieber noch hinaus und warte ab. Gut Ding will Weile haben.

TATSÄCHLICH aber solltest du vor den Entscheidungen im Einzelnen eine Vorentscheidung getroffen haben: mit deinem Herzen entscheiden zu wollen. Zu deiner Zufriedenheit und dem Wohl deiner Mitmenschen. Manchmal ist es gut, darüber zu schlafen, aber achte darauf, dass kein Klebstoff an deiner Matratze ist. Manchmal folgst du nur deinem Psychohygienicus, der an deine Bedenken und deine Angst vor Veränderung erinnert. Dann bleibst du gelähmt an der Weggabelung und drückst dich vor dem nächsten Schritt. Dich nicht zu entscheiden, ist auch eine Entscheidung. Wenn du auf dein Herz hörst, weißt du, was zu tun ist. Das nämlich, bei dem sich Wohlbefinden einstellt. Bleibst du unentschlossen, plätschert dein Leben neben dem Fluss und versickert. Wenn du Glück hast, kommt es auf Umwegen wieder in den Fluss. Aber viele Umwege kannst du dir sparen. Entschlossenheit ist das Ende des Konflikts, der Krise und des Kampfes. Zufriedenheit fällt nicht vom Himmel. Du kannst dich dafür entscheiden.

ERFÜLLUNG findest du, wenn du dir in stillem *GeWahrSein* dein Herz von Gott entschließen lässt und entschlossen bist gegen Trägheit, Rechthaben und Ichsucht – und für deine Mitmenschen.

Entschlossenheit in deiner LIEBESBEZIEHUNG bedeutet, deinen Partner zu lieben, indem du aufhörst, ihn besitzen, festhalten oder verändern zu wollen. Du kannst entschlossen zu ihm stehen und sagen: Ich habe dich gewählt, du kannst sein, der du bist. Mit dieser Gewissheit schenkst du deinem Partner die Freiheit und das Vertrauen, sich dir entschlossen zuzuwenden und deine Nähe zu genießen. Es gibt für dein Geben und Teilen keinen Zeitpunkt, der geeigneter sein könnte als den Augenblick mit seiner ganzen Fülle. Mit deiner Entschlossenheit, dich ganz einzubringen, wirst du Verbundenheit, Glück und Liebe erleben. Es genügt, wenn du nur eins in ganzer Entschlossenheit niemals hinausschiebst: Lieben.

Deine LEBENSAUFGABE erfüllt dich, wenn du deine wahre Bedeutung dadurch findest, dass du so von dir absehen kannst, dass du dich einem Menschen oder einer Aufgabe entschlossen zuwendest. Das ist die Vorentscheidung. Dann kannst du im Vertrauen loslassen. Wie die Knospe im Frühling. Dein Herz findet den rechten Zeitpunkt. Je entschlossener du deinem Ziel, glücklich zu machen und zu sein, folgst, desto mehr kannst du es loslassen und darauf vertrauen, dass es sich realisiert. Dann folgt ein Schritt dem anderen. Dann bist du entschlossen, zu werden, wer du bist. Und bist Verursacher und Empfänger von Zufriedenheit.

Versöhnt bist du mit deiner Unentschlossenheit, wenn du dich von Gott zu deiner wahren Bestimmung führen lässt und Verantwortung übernimmst für dein Erleben von Zufriedenheit.

Übungen zu Unentschlossenheit

Übe dich in stillem *GeWahrSein*.

- Spüre die Angst hinter deiner Unentschlossenheit und versöhne dich mit ihr. Sie hat dir oft geholfen. Spüre aber auch die Lähmung, die daraus folgt. Geh jetzt in deine Angst, bis sie sich in Frieden verwandelt.
- Teile ein Blatt in zwei Hälften und beschreibe links Situationen, in denen es gut war, Bedenken zu haben, und rechts Situationen, in denen es gut war, dass du dich von deinen Bedenken nicht entmutigen ließest. Welche Erkenntnisse daraus kannst du für deine Zukunft fruchtbar machen?
- Notiere fünf Entscheidungen, die in deinem Leben

anstehen. Schreibe dazu die Hoffnungen und die Befürchtungen, die du damit verbindest.

- Triff jetzt drei Entscheidungen entschlossen.
- Realisiere, dass du das Erleben, das du mit der getroffenen Entscheidung haben wirst, selbst bestimmen kannst. Vielleicht ist eine davon eine Lektion, die dich weiterbringen soll.
- Benenne die Bestimmung, die du für dich gefunden hast, oder beschreibe deinen Weg dahin. Sie hat mit Menschen zu tun, die dir anvertraut sind. Fühle die Gefühle der Menschen, die auf deine Entschlossenheit warten, und derer, die sie erleben.
- Spüre in stillem *GeWahrSein* die Energie des Friedens, die von deiner Entschlossenheit ausgeht.
- Nimm den einen Menschen in den Blick, der heute deine Entschlossenheit braucht.

Unverbindlichkeit

Sichraushalten oder
Verpflichtetsein

»Du kannst doch deine Unabhängigkeit genießen«,

schlägt Psychohygienicus dir vor. »Dann bist du frei. Kannst tun und lassen, was du willst. Du sollst für dich sorgen. dich aus allem raushalten. dich aller Verpflichtungen entledigen. Besonders am Feierabend, an Wochenenden, im Urlaub. Freu dich auf die Rente. Pflege Genuss, Glück und Freiheit. Mach grad mal, was du willst.«

MANCHMAL hat Psychohygienicus recht. Dann nämlich, wenn du dich nicht abgrenzen kannst, nicht für dich sorgen kannst. Wenn du dich ausnutzen lässt, weil du dich beliebt machen willst oder dich für unentbehrlich hältst. Wenn du dich aufopferst und deine Bedürfnisse vernachlässigst. Dann mach mal, was dir guttut und was du willst.

TATSÄCHLICH aber sind Unabhängigkeit und Unverbindlichkeit gerade nicht Freiheit. Hinter dieser falschen Freiheit steckt die Angst vor Verletzung, Zurückweisung und Unzulänglichkeit, uralte Muster von eingebildeter Wertlosigkeit. Wenn du nur machst, was du gerade willst, werden die Menschen dich meiden, weil du sie gleichzeitig entwertest. Der hohe Preis für diese Unabhängigkeit ist Beziehungsunfähigkeit, Einsamkeit und Unzufriedenheit. Gleichzeitig versteckst du dich vor deiner Lebensaufgabe und merkst es nicht, weil deine kurzfristigen Selbstbefriedigungen dich taub gemacht haben und du deine Mitte nicht mehr spürst. Wahre Freiheit gibt es nur in Verbindung mit Verantwortlichkeit. Wenn du in Kontakt bist mit dir und deinen Gefühlen und mit anderen Menschen und deren Bedürfnissen. Zufrieden kannst du nur sein, wenn du deine Verpflichtungen einhältst. Dann suchen andere deine Nähe und Gemeinschaft. Dann genießen andere deine Treue, deine Zuverlässigkeit und die Zusammenarbeit mit dir. Dann kann das Leben gelingen. Du hast die freie Wahl, dich für Abhängigkeiten zu entscheiden, die dich freimachen.

ERFÜLLUNG findest du, wenn du in stillem *GeWahrSein* dein wahres Selbst erkennst und durch deine Verantwortlichkeit frei wirst.

Verbindlichkeit und das Einhalten von Vereinbarungen gehören zu den schönsten Dingen, die du in einer *LIEBES-BEZIEHUNG* erleben kannst. Dadurch kannst du Zugehörigkeit, Sicherheit und Akzeptanz erleben. Vertrauen, Zuversicht, Gewissheit und wirkliche Nähe. Wirkliche Nähe ist gleichzeitig die Garantie dafür, dass beide immer wieder Gefühle von Zurückweisung erleben und dadurch alte Schmerzen von Verlust, Scham, Schuld und Verlassenheitsangst hochkommen und ausheilen wollen. Dann kannst du zu deinem Partner sagen: Egal was ist und wird, ich stehe zu dir. Ich bleibe. Dann erlebst du das tiefe Glück der Freiheit von verbindlicher Verbundenheit.

Wenn deine *LEBENSAUFGABE* deine Bestimmung ist, hat sie mit Verantwortlichkeit zu tun. Dann kannst und willst du dich nicht raushalten. Dann wirst du deine Verpflichtungen als Geschenke verstehen, die dich glücklich machen, weil du damit andere glücklich machst. Und dann träumst du nicht mehr von der Rente. Gleichzeitig wirst du lernen, sorgsam mit dir umzugehen und umgehen zu lassen. Wenn du deine Verbindlichkeiten einhältst, bist du deiner Bedeutung für diese Welt treu und damit dir treu. Dann wirst du, der du eigentlich bist: verbindlich frei.

Versöhnt bist du mit deiner Unverbindlichkeit, wenn du dich in deine innere Mitte tragen lässt, wo du die Abhängigkeit von Gott als Glück erlebst.

Übungen zu Unverbindlichkeit

Übe dich in stillem *GeWahrSein*.

- Spüre die Last deiner Verpflichtungen und den Druck, den das Nichteinhalten auslöst. Versöhne dich mit deinem Hin- und Hergerissensein, indem du es dir erlaubst.
- Definiere den Unterschied zwischen Unverbindlichkeit und Freiheit und achte auf die unterschiedlichen Gefühle, die die beiden Begriffe auslösen.
- Erstelle eine Liste der Verpflichtungen, die du eingegangen bist, und notiere dahinter, welche du gern und mühelos einhältst und warum, welche davon mühsam und unnötig sind, und welche du als mühsam und sinnvoll erlebst.
- Zeichne auf ein Blatt Papier links eine Freiheitsstatue

und rechts eine Verantwortlichkeitsstatue und schreibe darunter alles, was dir dazu einfällt.

- Halte deine Hände nach oben geöffnet vor dich, lege in eine die Freiheit und in die andere die Verantwortlichkeit, achte auf deine Gefühle und wäge ab. Dann falte die Hände. Spüre, wie die beiden Seiten einer Medaille miteinander verschmelzen.
- Lass dich von Gott in deine innere Mitte tragen.
- Nimm den oder die Menschen in den Blick, für den oder die du bestimmt bist, da zu sein. Erlebe das Gefühl, dass deine Freiheit frei macht und dein Verantwortlichsein verantwortlich macht.
- Spüre, dass dein Verpflichtetsein die Verbundenheit bewirkt, nach der du dich sehnst.
- Konzentriere dich jetzt auf die Leichtigkeit einer sinnvollen Verpflichtung, die du vereinbart hast.

Unzufriedenheit

Haben oder Sein

»Du solltest nie zu früh zufrieden sein«,

empfiehlt Psychohygienicus. »Dies fehlt dir noch und jenes: Geld, Besitz, Aufmerksamkeit, Anerkennung, Karriere, Zeit, Bildung, Sex und Liebe. Irgendwas ist immer zu wenig. Schau auf das, was dir fehlt. Sei lieber nie zu früh zufrieden.«

MANCHMAL hat Psychohygienicus recht: Du solltest nicht zu früh zufrieden sein. Du kannst dir Mühe geben und deine Lebensqualität steigern und verbessern.

TATSÄCHLICH aber findest du Zufriedenheit in dir. In deinem Sein. Der wahre Reichtum wohnt in dir. Da kannst du ihn ent-decken. Wenn du das, was du im Augenblick hast und bist, bejahst und dankbar anerkennst. Wenn du mit dem, was du im Augenblick hast und bist, nicht zufrieden bist, wirst du es mit jedem ersehnten »Mehr« auch nicht sein. Du kannst dich selbst reich machen: Schau dich um und sieh, was da ist! Ausgangspunkt für Zufriedenheit ist Akzeptanz. Wenn du etwas in deinem Leben nicht akzeptierst, bist du nicht zufrieden. Und wenn du irgendetwas bei irgendjemand nicht akzeptierst, bist du auch nicht zufrieden. Reich bist du, wenn du du bist, bist, wer du bist, und tun kannst, was du gerade tust. Alles ist in dir. Wenn du es nicht spürst, wirst du versuchen, dein Leben mit Dingen aufzufüllen. Zufriedenheit von außen erwarten. Aber Haben ist nur Ersatz für Sein. Akzeptiere dein materielles Haben so, als hättest du nicht. Dann hast du auch keine Angst vor Mangel oder Verlust.
Du kannst mit Haben nicht zufrieden sein. Leb doch leicht und verspielt. So, als sei es dein einziges Leben. Ist es

nämlich. Du musst nicht mit dem Strom schwimmen, aber du kannst in deinem Fluss paddeln. Was du erlebst, macht dein Erleben.

Also sei zufrieden.

ERFÜLLUNG findest du, wenn du in stillem *GeWahrSein* dankbar deine Zufriedenheit erlebst und in der Liebe und deiner Lebensaufgabe genau das gibst, was du glaubst zu brauchen.

Zufriedenheit in deiner LIEBESBEZIEHUNG ist, wenn du ganz da bist. Ganz du. In stiller Offenheit und Wahrhaftigkeit. Wenn du lebst, was du erlebst. Wenn du die Liebe machen oder haben oder brauchen oder erzwingen willst, vergeht sie dir. Sie ist ein Geschenk, das einfach da ist und sich ausdrücken will. Du kannst sie einfach so verschenken. Dann wird sie mehr. Schau einfach, wie sie da ist. Du musst Gott noch nicht mal darum bitten. Am liebsten füllt er zufriedene, empfangsbereite Hände. Sei still und lass es geschehen. Leben ist Liebe.

Zufrieden in deiner LEBENSAUFGABE bist du, wenn du sie mit Hingabe tust und erledigst. Als Beitrag für andere. Und dabei du selbst bist. Das wirst, was du bist. Du kannst zufrieden sein. Einfach nur, weil dein wahres Sein so ist. Es sind doch nur dein Verstand und deine Angst im Weg. Und dein Habenwollen. Zufriedenheit ist etwas für ganz besondere Menschen: die, die zufrieden sind. Zufriedensein ist im Frieden Gottes sein, der über aller Vernunft ist. Da findest du eine dankbare Gelassenheit, mit der du in dir ruhen kannst. Damit kannst du zufrieden lieben, arbeiten und sterben. Und besser schlafen. Also gib dich zufrieden.

Versöhnt bist du mit deiner Unzufriedenheit, wenn du lebst, wer du eigentlich bist, und in stillem GeWahrSein auf deine Dankbarkeit in dir achtest und zu-Frieden bist.

Übungen zu Unzufriedenheit

Übe dich in stillem *GeWahrSein.*

- Spüre deinen Mangel. Vielleicht paddelst du unermüdlich in einem trockenen Flussbett auf dem Weg zum Mehr. Dann erlaube dir Unzufriedenheit und versöhne dich damit, ohne dir Vorwürfe zu machen.
- Nimm ein Blatt Papier und beschreibe, wer du bist. Nimm dir vor, es niemandem zu zeigen. Dann kannst du ganz ehrlich mit dir sein.
- Nimm ein weiteres Blatt und notiere links, was dich unzufrieden sein lässt, und rechts, was dich zufrieden macht.
- Erinnere dich an Momente von tiefer, erfüllter Zufriedenheit. Wann war es? Was war da? Wer war dabei? Was davon willst du wieder erleben?
- Finde in stillem *GeWahrSein* deine wahre Bestimmung oder beschreibe deinen Weg dahin.
- Schließ die Augen und träume. Beschreibe den Unterschied zwischen Träumen und Visionen.

- Ziel deines Lebens ist zu werden, der du bist. Was dabei ist deine Einstellung, wie ist dein Erleben, was hast du geschaffen?
- Sammle Fotos in Zeitschriften und erstelle eine Collage von deiner wahren Bestimmung. Lass dich bei der Wahl der Fotos von deinem Herzen leiten und erlebe dich in einem Fluss, der ruhiges, klares Wasser führt, und fühle, wie du zu deiner Vision gleitest.
- Spüre die Zufriedenheit in der Fülle dieses Augenblicks, in dem du planst, heute für das Glücklichsein eines Menschen zu sorgen.

Ziellosigkeit

Todessehnen oder
Sinnesverwirklichen

»Du siehst doch, dass alles keinen Sinn hat«,

sagt Psychohygienicus. Du bist verlassen. Ausgebrannt. Allein. Einsam. Siehst alles schwarz. Keine Hoffnung, nur noch Resignation. Du hast schon genug geweint und gelitten, es ist unerträglich. Es hat keinen Wert. Alles in dir fühlt sich leer an. Warum überhaupt weitermachen? Du hast das Gefühl, allein der Tod könnte der ganzen Sinnlosigkeit deines Lebens ein Ende setzen. »Sieh doch«, sagt Psychohygienicus, »es hat alles keinen Sinn.«

MANCHMAL hat Psychohygienicus recht. Immer dann nämlich, wenn er dich darauf hinweist, die Ausweglosigkeit und Festgefahrenheit und auch den Schmerz nicht zu leugnen, nicht zu verdrängen oder zu betäuben. Sondern diese Gefühle zu spüren, hineinzugehen und sie auszuhalten, deine Leere und Verzweiflung bewusst zu erleben.

TATSÄCHLICH weiß dein Freund Psychohygienicus, dass dieser Moment der unerträglichen Sinnlosigkeit und Leere genau der Moment ist, in dem sich dir die Sinnfrage stellt. In dem Moment, in dem du nicht mehr weißt wozu, fragst du nach dem Wozu. Mit dieser Frage bist du an dem Ausweg, der dich aus deiner Verzweiflung führt, und bist auf dem Weg zu deiner Bestimmung. Mit der Suche nach der Antwort auf die Frage nach dem Sinn bist du am Beginn des Loslassens, der Bereitschaft zur Veränderung, der Kapitulation, die eine Befreiung ist und dem Wunder einer Geburt gleicht. Mit deiner Bereitschaft zur Suche wirst du Gott als den guten Hirten erleben, der dich durch das Tal führt.

ERFÜLLUNG findest du, wenn du mit deinem Schmerz in stilles *GeWahrSein* gehst und dich von Gott in deine Mitte tragen lässt. Da findest du Kraft für den Glauben, dass dein Leben siegen wird, weil es Sinn hat. Trotz allem.

Wenn du in deiner *LIEBESBEZIEHUNG* die Leere der Sinnlosigkeit erlebst, geh in diese Leere hinein und ertrage sie, bis du in dir den Ort findest, an dem sich dein wahres Selbst mit Gott verbindet. Der Ort, wo die Liebe immer da ist. An diesem Ort kannst du deine Partnerin so in den Blick nehmen, dass du sie wirklich siehst. Dann kannst du sie aus der Tyrannei deiner Sehnsucht nach Liebe entlassen. Und sie lieben. Dich neu verbinden, indem du sie loslässt. Den Sinn, deine Partnerin zu lieben, verwirklichen, indem du gibst, ohne nehmen zu wollen. Und dann weißt du wieder wozu.

Wenn du deine *LEBENSAUFGABE* nicht spürst und erkennst, weil du glaubst, dass niemand dich braucht oder liebt, wirst du sie mit der Frage nach deinem Wozu darin finden, dass ein anderer Mensch dich und deine Liebe braucht. Erfülltes Leben bedeutet einen Beitrag zu leisten, für etwas oder jemanden da zu sein. Mit deiner Einzigartigkeit unersetzbare Bedeutung für diese Welt zu haben. Deine Bestimmung ist, andere Menschen froh zu machen, zufrieden und glücklich. Das alles kommt dann hundertfach zu dir zurück. Der wahre Wert deines Lebens ist, Menschen beim Wert ihres Lebens zu begleiten. Dabei kommt es nicht so sehr darauf an, was du tust, sondern in welchem Geist du es tust, und ob du bereit bist, ganz da zu sein, dich ganz zuzuwenden und die ganze Fülle des Sinns im Augenblick zu leben. In dem Moment, in dem du dich einem Menschen zuwendest, löst dein Schmerz sich auf. Dann verliebst du dich neu in das Leben. Lebensaufgabe und Lebenslust werden identisch. Dann verwirklichst du deinen Sinn und deine wahre Bestimmung. Und weißt wozu.

Versöhnt bist du mit deiner Ziellosigkeit, wenn du deinen Schmerz und deine Todessehnsucht als Wendepunkt zu deiner Bestimmung annimmst: die Liebe zum Leben.

Übungen zu Ziellosigkeit

Übe dich in stillem *GeWahrSein*.

- Auch wenn es dir widersinnig und unerträglich vorkommt, geh in deinen Schmerz der Todessehnsucht und Sinnlosigkeit, bleib darin und rechne sogar damit, dass er noch schlimmer wird. Aber behalte gleichzeitig immer in deinem Bewusstsein, dass das der Ausweg ist. Dieser Schmerz enthält die Liebe, die dich zur Wende bringt.
- Bleib in stillem *GeWahrSein*. Auch wenn du nicht religiös bist, male vor deinem inneren Auge das Bild, dass du im Herzen Gottes sitzt. Was sagt Gott zu dir? Was würde Gott jetzt tun?

- Spüre die untrennbare Verbundenheit mit Gott und entscheide dich jetzt zu wählen, was Gott wählt.
- Meditiere ein leeres Gefäß und spüre die himmlische Kraft, die das Gefäß Tropfen für Tropfen füllt. Mache dich mit der Idee vertraut, dass deine Leere in sich das Wunder birgt, das dich zur Erfüllung bringt.
- Wer ist der Mensch, der dich in diesem Moment dringend braucht, damit er den Sinn seines Lebens erleben kann? Welche Erfahrungen wirst du mit diesem Menschen machen, die dich dein Leben als erfüllt und tief befriedigend erleben lassen?
- Notiere, wie die Welt sich verändert, wenn du deine Erfüllung und Bestimmung lebst. Wenn du das tust, was Sinn macht. Und das lässt, was keinen Sinn macht.
- Benenne den Wunsch deines Herzens für dein Leben, er beginnt gerade wahr zu werden.
- Benenne den ersten kleinen Schritt zu deinem Herzenswunsch und tue ihn in diesem Augenblick.
- Spüre hin und staune: Sanft berührt dich Friede.

Mit dem Schweinehund ins Glück

Du bist nun auf dem besten Weg, dich mit deinem inneren Schweinehund auszusöhnen. Damit du dir noch einmal richtig bewusst machen kannst, dass du tatsächlich heute und sofort selbstverantwortlich handeln und entscheiden kannst, gibt es hier 100 Fragen, die du zusammen mit deinem Schweinehund beantworten kannst. Mit diesen Fragen findest du das Glück in dir – denn es kommt niemals von außen.

Gib jeweils 3 Antworten auf jede Frage. Dann suche dir 3–33 Antworten aus. Und setze sie gleich heute entsprechend um.

Dann erhältst du endlich, wonach du dich so lange gesehnt hast: Glücklichsein und Glücklichmachen.

1   3 Situationen in deinem Leben, in denen die 3 wichtig ist

2   3 Menschen oder Situationen, über die du herzhaft lachen kannst

3   3 Menschen, mit denen du innige Gemeinschaft hast

4   3 deiner Kräfte, mit denen du Menschen ansteckst

5   3 Schweinehundstimmen, die dir wichtig sind

6   3 deiner wichtigsten Werte

7   3 deiner besten Eigenschaften

8   3 Gründe, deine Pflichten zu erledigen

9   3 Dienste, die dir Erfüllung geben

10 3 Lebensaufgaben die du als zentral empfindest

11 3 Situationen, in denen du Liebe erlebst

12 3 Situationen, in denen du deine Bestimmung
    erlebst

13 3 Menschen, denen du das Leben leichter machst

14 3 Tätigkeiten, mit denen du die Welt ein wenig
    besser machst

15 3 Dinge, die du wirklich zum Leben brauchst

16 3 Dinge, auf die du wirklich stolz bist

17 3 Lücken, die du eines Tages hinterlässt

18 3 Dinge in deiner jetzigen Umgebung, die du
    schön findest

19 3 Menschen, die dich brauchen

20 3 Menschen, die du liebst

21 3 deiner größten Versäumnisse

22 3 Dinge, durch die du bedeutsam bist

23 3 Dinge, mit denen du andere verzauberst

24 3 Dinge an dir, die schön sind

25 3 deiner stärksten Führungskompetenzen

26 3 Momente, in denen Gott dir zugezwinkert hat

27 3 Situationen, in denen du wirklich vergeben hast

28 3 Gründe, warum du zutiefst dankbar bist

29 3 Situationen, in denen du wahre Freiheit erlebst

30 3 Situationen, in denen du Sinn erlebst

31 3 Dinge, die dich wirklich interessieren

32 3 Dinge, die dich innerlich berühren

33 3 Bindungen, die dich erfüllen

34 3 Gründe, da zu leben, wo du lebst

35 3 Gründe für deinen jetzigen Beruf

36 3 Visionen, durch die du dich lebendig fühlst

37 3 Dinge, die dich entscheidend geprägt haben

38 3 deiner größten Wünsche und Ziele

39 3 deiner schönsten Verantwortlichkeiten

40 3 Momente, dich letztgültig getragen zu fühlen

41 3 Dinge, von denen du hingerissen bist

42 3 deiner Lieblingsspiele als Kind

43 3 Dinge, an die du dich vollkommen hingeben kannst

44 3 Situationen, in denen du dich absolut wohlfühlst

45 3 Momente größtmöglicher Lust

46 3 deiner größten Herausforderungen

47 3 deiner liebsten Tätigkeiten

48 3 Momente, in denen du Angst hattest

49 3 deiner größten Anstrengungen mit wohliger Erschöpfung

50 3 deiner besten Leistungen

51 3 deiner wichtigsten Krisen

52 3 deiner stärksten Glücksmomente

53 3 Dinge, die du bisher am längsten bewahrst

54 3 Dinge, die du ändern möchtest

55 3 Momente, die du als Fülle erlebt hast

56 3 Dinge, die du schön findest

57 3 Momente größter Freude

58 3 deiner wichtigsten negativen Erfahrungen

59 3 Momente, in denen du Balance erlebt hast

60 3 Momente, in denen die Zeit stehen blieb

61 3 Momente von Glückseligkeit

62 3 deiner besten Lebensabschnitte

63 3 Momente größter Gelassenheit

64 3 deiner traurigsten Momente

65 3 Dinge oder Menschen, die du loslassen möchtest

66 3 Momente größter Harmonie

67 3 Momente von Verzweiflung

68 3 Situationen, die dich melancholisch machen

69 3 Situationen, in denen du authentisch bist

70 3 Situationen, in denen du am besten Schmerzen
ausheilst

71 3 Momente, die du als Zusammenhang erlebst

72 3 Momente intensiven sinnlichen Fühlens

73 3 Momente intensiven analytischen Denkens

74 3 Momente intensiver Erfahrung von Religiosität

75 3 Augenblicke voller Erfülltheit

76 3 Gründe für augenblickliche Erfülltheit

77 3 deiner wertvollsten Gespräche

78 3 deiner wichtigsten Beziehungen

79 3 Gründe, mit Kindern Zeit zu verbringen

80 3 Menschen, mit denen du dich versöhnen möchtest

81 3 Momente, in denen du dich zu Hause fühlst

82 3 Momente gelungener Zusammenarbeit

83 3 Gründe, warum du dich liebst

84 3 Momente stärkster Zugehörigkeit

85 3 Gründe für inneren Reichtum

86 3 Momente wahren Helfens und Gebens

87 3 deiner schönsten Erlebnisse in der Natur

88 3 Situationen nicht getroffener Entscheidungen

89 3 deiner besten Erkenntnisse

90 3 deiner wichtigsten Lern-Erfahrungen

91 3 Gründe für den Zweck deines Daseins

92 3 Situationen, in denen du mutig warst

93 3 deiner weisesten Lehrer

94 3 deiner Einsichten für übergreifende
      Zusammenhänge

95 3 Momente, in denen du Geborgenheit erlebst

96 3 Momente, die dich ein Lebenskünstler sein lassen

97 3 Situationen, in denen du Leere erlebt hast

98 3 Abhängigkeiten, die du als Freiheit erlebst

99 3 Gründe, Glück-Sinn-Fülle in dir zu finden

100 3 Fragen, die dir selbst eingefallen sind

Der Autor

CHRISTIAN BETTINGHAUSEN ist Coach, Supervisor, Logotherapeut, Lehrbeauftragter und Religionspädagoge. Er berät und begleitet Einzelpersonen, Paare und Familien. Seine Seminare und Supervisionsgruppen bieten Hilfe für die alltäglichen Anforderungen, gerade auch in der pädagogischen und sozialpädagogischen Praxis und den bildenden und helfenden Berufen.

In der Lebenswerkstatt Dreieich, die er gegründet hat, erhalten Menschen in Konflikt- und Krisensituationen Unterstützung und können sich in gemütlicher Atmosphäre austauschen. Damit und durch die praxisnahe Fachberatung werden Selbstbewusstsein und Selbstwert gestärkt, um mit sich und anderen immer besser klarzukommen. Durch die Erweiterung persönlicher und pädagogischer Kompetenzen in Verbindung mit Selbsterfahrung und Fremdwahrnehmung können individuelle Möglichkeiten entfaltet, lebendige Beziehungen gestaltet und gesunde Entwicklungen ermöglicht werden.

Seine Spezialgebiete in der Lebenswerkstatt Dreieich sind Angebote zum Ausweg aus der Burnout-Falle, ist die Aussöhnung mit den inneren Schweinehunden und die Verknüpfung von Logotherapie, Philosophie und Spiritualität.

Weiteres zum Autor im Internet unter
www.lebenswerkstatt-dreieich.de